G. LACOUR-GAYET

Membre de l'Institut

BISMARCK

LIBRAIRIE HACHETTE ET Cie

79, BOULEVARD SAINT-GERMAIN, PARIS

1918

BISMARCK

DU MÊME AUTEUR

A LA LIBRAIRIE HACHETTE ET Cie :

L'Éducation politique de Louis XIV, 1re édition,
1898 (*épuisée*); 2e édition (*sous presse*). 1 vol. . .   »   »
Lectures historiques 1715-1815. Nouvelle édition entiè-
rement refondue (*sous presse*). 1 vol. . . . .   »   »

A LA LIBRAIRIE HONORÉ CHAMPION :

*La Marine militaire de la France sous les règnes de Louis XIII
et de Louis XIV*. Tome I. 1911.
La Marine militaire de la France sous le règne de Louis XV.
1re édition, 1902; 2e édition, 1909.
La Marine militaire de la France sous le règne de Louis XVI.
1905.

81 447. — Imprimerie LAHURE, 9, rue de Fleurus, à Paris.

G. LACOUR-GAYET

Membre de l'Institut

1854

BISMARCK

LIBRAIRIE HACHETTE ET Cie

79, BOULEVARD SAINT-GERMAIN, PARIS

1918

A

MES AUDITEURS DU FOYER

Février-mars 1918.

ANNÉES DE PRÉPARATION

Années d'enfance et de jeunesse. — Débuts dans la magistrature. — Vie à la campagne. — Mariage. — A la Diète réunie de 1847. — Journées de mars 1848 à Berlin. — Parlement de Francfort. — Entrevue d'Olmütz. — A la Diète de Francfort. — Voyages à Vienne et à Paris. — Relations avec le prince régent.

ANNÉES D'ENFANCE ET DE JEUNESSE

Otto-Édouard-Léopold de Bismarck naquit le 1er avril 1815, à Schönhausen, village de Brandebourg, au royaume de Prusse. Le lieu et la date ont leur intérêt dans l'histoire de l'homme qui devait faire un jour la grandeur de la Prusse, l'unité de l'Allemagne et le malheur de l'Europe.

Schönhausen, situé sur la rive droite et à 5 kilomètres de l'Elbe, dans la province actuelle de la Saxe prussienne, était, depuis le xvie siècle, la résidence patrimoniale des Bismarck. Le père et la mère du futur chancelier y avaient subi récemment une douloureuse épreuve. Le 14 octobre 1806, Iéna et Auerstædt avaient vu l'effondrement de la monarchie prussienne; suivant le mot de Henri Heine, Napoléon avait soufflé sur la Prusse, et la Prusse avait cessé d'exister. Quelques jours après la catastrophe d'Iéna, quand les Prussiens éperdus s'enfuyaient devant les vainqueurs, la famille Bismarck avait abandonné son domaine. Les régiments de Soult, en marche sur Berlin, avaient traversé la propriété et ne l'avaient guère respectée. Un de leurs dégâts avait été très sensible aux propriétaires. Un grand arbre généalogique était pendu sur l'un des murs du vestibule ; il était l'orgueil de la famille, car il faisait remonter les Bismarck, avec une ascendance d'ailleurs purement fantaisiste, jusqu'au viiie siècle, jusqu'à l'époque de Charlemagne. Les soldats de Soult, sans respect pour ces antiquailles, avaient donné à tort et à travers de grands coups de baïonnettes ; quand les Bismarck revinrent chez eux, le fameux arbre généalogique n'était plus qu'une ruine. Plus d'une fois dans son enfance, le jeune Otto entendit raconter cet épisode du passage des Français.

Jusqu'en 1813, Schönhausen avait eu encore des heures difficiles ; mais la bataille de Leipzig avait ramené la victoire. En 1815, l'année même de la naissance de Bismarck, coup sur coup les traités de Vienne et la bataille de Waterloo avaient consacré le triomphe de la politique et des armes prussiennes. La France, à son tour, subissait, dans les conditions les plus rigoureuses, la loi des vainqueurs. L'arbre généalogique de Schönhausen était amplement vengé.

Bismarck a dit, à propos de ses origines, « qu'il avait dans les veines et du sang de cuirassier et du sang de professeur » ; ce qu'il exprimait encore d'une autre manière : « Ma filiation se compose de l'alternative d'une génération rossée et d'une géné-

ration rossante. » Il aimait à rappeler, lui qui
devait recevoir, lors de sa disgrâce, le grade de
général de cavalerie avec rang de feld-maréchal, le
caractère militaire de ses ancêtres : « Il n'y a pas
un de mes ancêtres qui n'ait tiré l'épée. Mon père
et ses trois frères. Mon grand-père était à Ross-
bach. Mon aïeul a combattu contre Louis XV, et
mon bisaïeul contre Louis XIV, dans les petites
guerres sur le Rhin, en 1672-75. Et puis un grand
nombre de mes ancêtres ont pris part à la guerre
de Trente Ans, les uns pour l'empire, les autres
dans les rangs suédois. » La famille avait cette
devise inquiétante : *Noch lange nicht genug*, « Loin
d'être assez ».

Cette famille aux traditions militaires était fixée
depuis plusieurs générations dans la Marche
moyenne de Brandebourg, qui fut comme la cellule
de formation de la monarchie prussienne; elle
appartenait à la petite noblesse provinciale, dont
tout l'idéal était de servir à l'armée et de faire
valoir ses pauvres domaines. C'étaient des hobe-
reaux, des *Junker*, suivant le mot allemand, avec
les idées de conservatisme étroit et de réaction
farouche que le mot rappelle. Le père du chancelier s'était retiré d'assez bonne heure du service
militaire, pour s'occuper de l'exploitation de ses
propriétés; il avait épousé Louise-Wilhelmine
Mencken, qui appartenait à une famille de professeurs et de conseillers. De ce mariage naquirent
six enfants, dont trois seulement vécurent : un
frère aîné du chancelier, le chancelier, et une
sœur plus jeune, Malvina, qui fut toujours très

liée avec lui et qui épousa un comte d'Arnim.

L'enfance de Bismarck se passa dans une terre de Poméranie, à Kniephof. La vie en plein air sous un climat rude contribua à développer sa puissante carrure et à lui donner l'amour de la campagne, qu'il conserva jusqu'à la fin de sa vie. « J'ai toujours eu, disait-il, un amour infini et tout à fait romanesque pour la campagne, pour les prés et les bois, pour la nature inculte. Et cet amour n'a eu d'égal chez moi que ma passion pour les bêtes. » Son dogue Tyras fut un compagnon inséparable des années de sa vieillesse; on l'avait appelé le *Reichshund*, le « chien de l'Empire ».

De six à onze ans, le jeune Otto fut élevé à l'institution Plamann, à Berlin, pensionnat à la mode, mais dont la discipline de fer laissa dans son esprit de fâcheux souvenirs; c'était, d'après lui, « une sorte de maison de correction ». Mis ensuite au gymnase Frédéric-Guillaume, puis au gymnase du Cloître Gris, il fit des études convenables: il avait appris d'une manière courante le français et l'anglais. Plus tard il apprit le russe; il se félicitait justement à ce propos de pouvoir directement traiter les affaires avec les ministres du tsar, sans recourir à un intermédiaire et sans être compris des autres diplomates, qui n'avaient que l'usage du français.

Bismarck a ouvert ses *Pensées et Souvenirs* en portant sur lui-même ce jugement à la fin de ses études secondaires, à l'âge de dix-sept ans environ :

« Produit normal de notre enseignement officiel, j'étais panthéiste quand, à Pâques 1832, je quittai le gymnase ; j'étais, de plus, sinon républicain, du moins convaincu que la république était la forme de gouvernement la plus rationnelle. En outre, je me creusais la tête pour découvrir les motifs capables de décider des millions d'hommes à subir, leur vie durant, la volonté d'un seul. » Cependant ces velléités républicaines et égalitaires ne furent qu'un feu de paille. « Le dévouement absolu à la monarchie prussienne m'avait été inculqué dès le berceau... Je restai fidèle aux défenseurs de l'autorité. Harmodius et Aristogiton aussi bien que Brutus étaient, aux yeux de l'enfant imbu du sentiment du droit, de vulgaires criminels, et Guillaume Tell un rebelle, un assassin. » En somme, le jeune *Junker* de Schönhausen appartenait bien, corps et âme, à la Prusse, dont on a dit avec une juste raison qu'elle est moins une nation qu'un système, ayant la raison d'État pour base, la guerre pour industrie, et pour instruments la caserne, l'école et des fonctionnaires élevés dans l'idée que l'humanité ne commence qu'au baron.

Au mois de mai 1832, à dix-sept ans, Bismarck était inscrit comme étudiant à la Faculté de droit de l'Université de Gœttingue ; c'était le temps où, d'après lui, il était élancé, maigre, « mince comme une aiguille à tricoter ». De ses études il y aurait peu de choses à dire ; de ses farces d'étudiant, de ses beuveries, de ses duels (il en eut jusqu'à vingt-huit), de ses excentricités, on pourrait parler long-temps. Il est beaucoup plus intéressant de rappeler qu'il avait nettement pris position dans les rangs du parti réactionnaire. « J'étais trop bien stylé à

la prussienne pour n'être pas désagréablement
impressionné par l'atteinte qu'une troupe révolutionnaire et tumultueuse portait à l'ordre politique
établi. » Il faut noter aussi un autre sentiment,
dès lors gravé dans son esprit : « Si je jetais un
regard sur la carte de l'Europe, j'enrageais de ce
que la France eût gardé Strasbourg. » Sa vie d'étudiant se termina à l'Université de Berlin, en
1835, à vingt ans. Grand mangeur, grand buveur,
grand tapageur, aisément violent et brutal, ce
colosse haut de plus de six pieds donnait l'impression de quelqu'un assez peu équilibré, qui songeait surtout à se singulariser par ses extravagances.

DÉBUTS DANS LA MAGISTRATURE

Tout cela ne désignait pas Bismarck pour la
carrière diplomatique, à laquelle il songeait vague-
ment. Il s'en ouvrit au ministre des Affaires étrangères Ancillon, qui l'en détourna tout à fait; la
tenue lui faisait par trop défaut. Alors il se rabat-
tit sur la carrière judiciaire, comme sur un pis-
aller provisoire. Il débuta au tribunal de Berlin, à
vingt ans, dans les fonctions de référendaire;
c'étaient à peu près celles d'un greffier. Il avait à
régler des affaires de divorce, et cela ne le pas-
sionnait pas de tâcher de réconcilier un mari
ivrogne et une épouse récalcitrante. Il prit alors le
parti de passer l'examen d'État nécessaire pour
entrer dans la carrière administrative; à la suite
de cet examen, il reçut une nomination de réfé-

rendaire à Aix-la-Chapelle, puis à Potsdam. Mais la passivité de ces fonctions n'allait pas à son tempérament combatif; il écrivait alors à son père : « Le fonctionnaire prussien ressemble au musicien d'un orchestre; il joue du premier violon ou du triangle, sans coup d'œil ni influence sur l'ensemble; il doit jouer sa partie, comme on la lui donne, qu'il la tienne pour bonne ou mauvaise. Je veux faire de la musique comme je l'entends, ou pas du tout. »

Arriva le temps du service militaire; il le fit au régiment des chasseurs de la garde. La mort de sa mère, des revers de fortune amenèrent brusquement sa démission et un changement de vie complet. Il alla s'établir à Kniephof en Poméranie, pour exploiter une terre de sa famille.

VIE A LA CAMPAGNE

De 1839 à 1847, ce furent huit années de vie à la campagne; Bismarck y pratiqua, dans les conditions les plus rudes, l'existence de gentilhomme campagnard, de *Landjunker*. Mais tout lui plaisait mieux que la besogne qui consiste à classer des pièces et des papiers dans des cartons. « Tôt ou tard, a-t-il dit, le moment viendra où nous succomberons sous le faix de nos habitudes de paperasses, où nous serons écrasés par la bureaucratie subalterne. » A Kniephof l'existence était dure; il fallait entreprendre, avec des ressources très médiocres, l'exploitation d'un domaine qui avait été à peu près abandonné et tout marchait mal. Il écrivait à sa sœur : « C'est avec la plus grande peine que je résiste au désir de remplir ma lettre de lamentations touchant l'administration de mes terres, les gelées de nuit, le bétail malade, le colza de mauvaise apparence, les agneaux morts, les brebis affamées, la disette de paille, de pommes de terre, d'engrais et d'argent. Il sera difficile de s'en tirer cette année avec cette mauvaise moisson, les prix si bas et ce long hiver. » Mais de se trouver aux prises avec mille difficultés, cela convenait à une nature pour qui la lutte était un besoin et un plaisir. Il définissait ainsi son idéal à cette époque de sa vie : « Je comptais bien vivre et mourir à la campagne, après avoir eu quelques succès comme agronome, après avoir peut-être aussi conquis quelques lauriers à la guerre, s'il en éclatait une. Si, gentilhomme campagnard, j'avais encore quelque ambition, c'était tout bonnement celle d'un brave lieutenant de la *Landwehr*. »

La vie campagnarde qu'il mène d'une manière continue développe toute la vigueur de sa constitution; par tous les temps il parcourt à cheval ses domaines, il s'entraîne à des exercices violents. « En disant que je suis tombé de cheval cinquante fois, je crois rester en deçà de la vérité. La dernière fois je me brisai trois côtes et je crus que c'était la fin. Deux fois déjà le médecin avait déclaré qu'il était contraire aux règles de la science que j'en fusse revenu. » Ses violences dans les exercices physiques, ses excès dans le boire et le manger, sa rudesse dans ses propos marqués au coin des idées les plus rétrogrades, toutes ces bizarreries lui avaient valu, de la part de ses voisins, le surnom de « hobereau fou », *der tolle Junker*. Mais ce personnage singulier, qui n'était pas taillé sur le patron de tout le monde, s'entendait comme un professionnel à exploiter ses domaines. Malgré une suite de mauvaises saisons, il parvint à tirer du sol ingrat de ses landes et de ses forêts poméraniennes des revenus qu'elles n'avaient pas encore donnés. Cela était bien en harmonie avec le tempérament des *Junker*, qui, à force de peine et de persévérance, sont arrivés à amender le sol improductif de l'Allemagne du Nord.

Son père mourut en 1845, il avait lui-même alors trente ans; il alla s'établir à Schönhausen, la terre de ses ancêtres, où il était né. Toujours la même vie de plein air, toujours le même genre d'occupations. Il fut nommé capitaine des digues de l'Elbe; ces fonctions demandaient une surveillance continue, car l'Elbe, dans ce pays très plat et marécageux, forme plusieurs fausses rivières, dont certaines se confondent avec le Havel, qui est voisin. Pour prévenir les inondations, il fallait que les digues fussent tenues en parfait état. Le nouveau capitaine s'acquitta de sa charge en conscience.

Une lettre de cette époque peut donner une idée de son genre d'esprit. Dans l'été de 1844, quand il était aux bains de mer de Norderney, il écrivait ses impressions à sa chère sœur Malvina.

« Pour que l'œil ne porte pas envie au palais, on a placé à côté de moi (à table) une dame danoise, dont l'aspect me rend mélancolique et me donne le mal du pays, car elle me rappelle notre Pfeiffer à Kniephof, quand il était si maigre. Vis-à-vis est assis l'ancien ministre Z., une de ces figures qui nous apparaissent en rêve quand on se trouve mal en dormant. C'est une grosse grenouille sans jambes. A chaque morceau qu'il va enfourner, il ouvre la bouche jusqu'aux épaules. Il me fait l'effet d'un sac de voyage qu'on ouvre pour y mettre quelque objet. Quand je vois cela, le vertige me prend, et, de peur de tomber, je saisis fortement le bord de la table. Dans mon voisinage se trouve encore un officier russe. C'est un bon enfant, mais quand je vois sa haute taille élancée et ses jambes courtes et recourbées comme un sabre turc, l'image d'un tire-botte se présente invariablement à mon esprit. »

Vers sa trentième année, Bismark eut une crise religieuse : le panthéisme vague, qu'il avait hérité de sa mère, fit place en lui à des croyances plus précises. Devenu un luthérien orthodoxe, il se mit à lire la Bible ; dans les circonstances solennelles il ne manquait pas de communier : ainsi, au mois d'août 1870, quand il quitta Berlin pour la campagne de France. Notons à ce propos la profession de foi religieuse qu'il fit un soir à Versailles aux convives réunis à sa table : « Je ne comprends pas qu'on puisse vivre en une société bien réglée, remplir ses devoirs envers les autres et envers soi-même, sans la croyance à une religion révélée, à un Dieu qui veut le bien, à un juge suprême et à une vie future... Si je n'étais un chrétien fermement **convaincu, si je n'avais en moi l'admirable soutien** de la religion, je n'aurais jamais été le chancelier que vous connaissez. »

MARIAGE

Pendant son séjour à Schönhausen, des relations de campagne avaient fait connaître à Bismarck la famille Puttkammer, qui était toute confite dans le piétisme. Il n'avait pas tardé à remarquer la fille de la maison, Jeanne, qui était de neuf ans plus jeune que lui; il demanda sa main. Le père, suivant sa propre expression, en fut « comme frappé d'un coup de hache sur la tête ». Coup de hache ou non, les jeunes gens étaient d'accord, et le mariage se fit, à la satisfaction de tous, au mois de juillet 1847. Ce fut un ménage très uni, très heureux; trois enfants en naquirent, une fille, Marie, qui devint la comtesse Rantzau, deux fils, Herbert et Guillaume.

L'année du mariage de Bismarck fut aussi l'année de ses débuts dans la vie politique : il avait alors trente-deux ans.

A LA DIÈTE RÉUNIE DE 1847

La Prusse, telle qu'elle avait été restaurée lors des traités de 1815, avait tous les caractères d'un État autocratique et féodal. Cependant Frédéric-Guillaume III avait consenti, en 1823, à instituer des états provinciaux dans chacune des huit provinces de la monarchie. Rien d'ailleurs n'était moins libéral que cette institution. Seule, la pro-

priété foncière y était représentée, et dans des conditions toutes spéciales ; chaque état formait un
compartiment isolé, sans communication avec les
autres ; il avait voix consultative, il émettait des
vœux ; là se bornait tout son pouvoir. Rien de
comparable en un mot avec les institutions parlementaires qui fonctionnaient à la même époque en
Angleterre et en France.

Le nouveau roi Frédéric-Guillaume IV, qui commença à régner en 1840, n'était pas suspect de
céder aux nouveautés ; toutefois il comprit qu'il
pouvait être opportun de faire une concession aux
idées libérales. Elle était médiocre ; elle consistait
à réunir, dans les circonstances où il le jugerait à
propos, les huit états provinciaux en une diète
unique, dite la « Diète réunie ». Cette assemblée
plénière n'avait pas des attributions plus efficaces ;
le décor était un peu plus solennel, mais ce n'était
toujours qu'un décor. La première de ces diètes se
tint à Berlin, en 1847. Dans la séance d'ouverture,
le 11 avril, Frédéric-Guillaume adressa aux députés
une déclaration qui ne laissait place à aucune
équivoque. « Héritier d'une couronne que j'ai
reçue intacte et que je dois et veux laisser intacte
à mes successeurs, jamais je ne transformerai le
rapport naturel entre le prince et le peuple en un
pacte constitutionnel ; jamais je n'admettrai qu'une
feuille écrite — c'est déjà le chiffon de papier cher
à Bethmann-Hollweg — vienne s'interposer comme
une seconde Providence, entre notre Dieu et ce
pays, pour nous gouverner avec ses paragraphes et
pour remplacer par eux la sainte et antique fidélité. »

C'est à cette Diète réunie de 1847 que Bismarck fit ses débuts d'homme politique, par suite de circonstances accidentelles. Il avait été élu, depuis quelques mois, membre suppléant de l'ordre équestre au Landtag de la province de Saxe ; il n'était pas destiné à siéger à Berlin ; mais la maladie du député titulaire laissa une place vacante, ce fut à Bismarck de la remplir. Sur cette période de sa vie, Bismarck a écrit, dans ses *Pensées et Souvenirs*, qu'il n'était point imbu des préjugés de sa caste, qu'il n'avait jamais pensé qu'il fallût restaurer l'ancien pouvoir royal en Prusse avec son autorité absolue. Cependant il eût été difficile à la royauté conservatrice ou réactionnaire de trouver un champion plus convaincu.

Il est toujours curieux de connaître les débuts politiques d'un homme qui a été plus tard l'un des premiers personnages de son temps. Bismarck prit la parole pour la première fois à la séance du 17 mai 1847. Un orateur de la gauche venait de rappeler le soulèvement de la Prusse en 1813 ; il avait affirmé que la Prusse s'était battue alors pour avoir une constitution. « Un noble peuple, avait-il dit, un peuple éclairé comme le peuple prussien ne connaît pas de haine nationale. » L'affirmation était singulièrement audacieuse, et toute l'histoire de la Prusse la dément ; on connaît des patriotismes fondés sur des sentiments généreux et qui n'excluent pas la sympathie à l'égard des autres peuples ; le patriotisme prussien n'a jamais été alimenté que par les jalousies et les haines.

Bismarck, lui, était l'homme de la haine nationale, il ne s'en est jamais caché. Il protesta avec énergie contre les paroles de son collègue de gauche. « Comme si le mouvement populaire de 1813, s'écria-t-il, devait être attribué à d'autres raisons et qu'il fallait un autre motif que la honte de voir l'étranger commander dans notre pays. Ce serait, à mon avis, rendre un mauvais service à l'honneur national si l'on admettait que l'oppression et l'humiliation que les Prussiens avaient à souffrir de la part d'un dominateur étranger n'eussent pas suffi pour faire bouillir le sang dans leurs veines et pour étouffer tous les autres sentiments sous la haine de l'étranger. » Ces paroles soulèveraient aujourd'hui dans les chambres prussiennes des acclamations enthousiastes; alors elles déchaînèrent une tempête. Bismarck n'en fut pas autrement ému : il prit un journal qui traînait sur la tribune et il se mit à le lire tranquillement; quand l'orage fut passé, il termina son discours. Dès la première heure, il s'était posé non comme un orateur, il ne le sera jamais : ses phrases seront toujours trop heurtées et trop rudes; il s'était posé comme un homme qui dit nettement toute sa pensée, qui n'a nul souci de flatter et de plaire, avec qui ses adversaires seront obligés de compter.

Le premier Landtag réuni se sépara au bout de deux mois et demi, sans avoir rien fait de bien marquant. Bismarck, qui venait de se marier, fit son voyage de noces au pays « où fleurit l'oranger ». A Venise il rencontra le roi Frédéric-Guillaume, qui lui fit adresser une invitation à dîner et qui lui prodigua des marques de bienveillance. Il en fut enchanté; c'était, en effet, la preuve que son attitude politique à la Diète avait eu la pleine approbation de son souverain.

JOURNÉES DE MARS 1848 A BERLIN

Bientôt les événements prirent une tournure tragique. La révolution du 24 février 1848, qui avait renversé Louis-Philippe et proclamé la République, eut sa répercussion un peu partout en Allemagne. Le premier mouvement de Bismarck fut de préparer ses armes, comme officier de *Landwehr*, pour « marcher sur le Rhin », ainsi qu'il l'écrivait à son frère dès le 1er mars. Mais le danger n'était pas aux frontières, il ne venait pas de la France, il était dans la capitale même de la monarchie prussienne.

Berlin était déjà, depuis plusieurs jours, le théâtre d'une vive agitation dans les rues, quand le 14 mars les premières barricades s'élevèrent. Le gouvernement reste indécis, le mal s'aggrave; le 18 mars la révolution bat son plein, une véritable bataille s'engage dans les rues, elles sont jonchées de morts et de blessés. Le général de Prittwitz dispose aux abords du Château, résidence du roi, quatorze mille hommes et trente-six canons. Mais Frédéric-Guillaume est comme épouvanté des scènes de massacre dont les échos arrivent jusqu'à lui; il donne l'ordre aux troupes de se retirer. La révolution restait maîtresse de la capitale. Les insurgés, portant les cadavres, entourent le palais royal; ils appellent le roi à grands cris. Le malheureux descend, il passe devant plus de deux cents

civières, il s'incline devant les morts; il prend part
à un cortège dans les rues de Berlin, en portant
lui-même la cocarde de l'insurrection.

Bismarck était à Schönhausen quand il apprit
ces événements. Il fait hisser sur le clocher le drapeau blanc et noir, le drapeau prussien, symbole
du loyalisme; il fait prendre les armes aux paysans.
Seul, un de ses voisins voulait agir pour les insurgés de Berlin. Bismarck lui dit sans s'émou-
voir : « Vous me connaissez, vous savez que je
suis un homme paisible; mais si vous faites cela,
je fais feu sur vous. — Vous ne le ferez pas, répliqua l'autre. — Je vous donne ma parole d'honneur que je le ferai, et vous savez que je suis
homme de parole; donc, tenez-vous coi. » Puis il
court à Potsdam; il voit un ministre de la veille,
Bodelschwingh; il lui parle du roi! « Oh! le saltim
banque! » répond l'ancien ministre. Bismarck est
convaincu que le roi n'est pas libre; il multiplie les
démarches pour l'approcher, il ne peut y réussir.

Arrivé à Berlin, où bien des personnes le connaissaient depuis son rôle à la Diète réunie, il
prend des précautions pour dépister les curieux.
Il se fait couper la barbe sur les joues, tout en gardant une longue barbiche au menton, il plante sur
sa tête un chapeau à larges bords, orné de la cocarde aux trois couleurs, noir, rouge et or, qui était
la cocarde du parti allemand. Avec sa grande taille,
son chapeau, sa barbiche et son frac, car il comptait être reçu par le roi, il avait une drôle de mine;
un gamin se mit à le huer : « Tiens, un Français! »
Ce gamin, assurément, n'avait pas dû venir souvent

à Paris. Pour Bismarck, il ne songeait qu'à une répression rigoureuse, il alla voir les généraux afin de
les déterminer à agir. Il n'obtint rien ; le roi n'avait-
il pas lui-même désavoué toute résistance ? Son mécontentement était extrême. Quelques jours plus
tard, se trouvant au Château, dans la salle de
Marbre, il assistait à la réception des officiers de la
garde, et il entendait avec stupeur ces paroles du
roi : « Je n'ai jamais été plus libre ni plus en sûreté
que sous la protection des citoyens de Berlin. »
« Des murmures, rapporte Bismarck, et un cliquetis
de sabres se firent entendre, tels qu'aucun roi de
Prusse n'en a jamais entendus, et n'en entendra jamais au milieu de ses officiers, je l'espère du moins.
Je retournai à Schönhausen l'âme meurtrie. »

Une seconde Diète réunie s'ouvrait le 2 avril,
c'est-à-dire moins de quinze jours après les journées de mars. Bismarck y siégeait encore comme
député suppléant ; on comprend qu'il ait tenu à y
faire entendre sa protestation indignée. La majorité proposait une adresse, qui était comme une
approbation du passé. Il prit la parole :

« Ce qui me décide à voter contre l'adresse, ce
sont les expressions de joie et de reconnaissance à
l'égard des récents événements. Le passé est ense-
veli, et je regrette, plus amèrement que beaucoup
d'entre vous, qu'aucune puissance humaine ne soit
en état de le ressusciter, la Couronne ayant jeté
elle-même la pelletée de terre sur son cercueil.
Mais, si j'accepte le fait, contraint par la force des
circonstances, je ne puis cependant rompre avec
mes actes et mes paroles au Landtag réuni par un

mensonge, en feignant d'être reconnaissant et réjoui
de ce qui est, à mes yeux, tout au moins une fausse
voie. » Son indignation était si forte que des
larmes, paraît-il, montèrent à ses yeux et vinrent
interrompre son discours.

Avant de se séparer, la Diète vota un projet de
loi électorale, avec l'élection à deux degrés et sans
condition de cens; pour Bismarck, cette mesure
libérale fut une douleur de plus : il la qualifiait de
« Iéna de la noblesse prussienne ».

PARLEMENT DE FRANCFORT

Malgré la gravité des journées de mars et de
leurs conséquences, l'intérêt de l'histoire allemande
à cette époque était beaucoup moins à Berlin qu'à
Francfort-sur-le-Mein.

A Francfort, le 18 mai 1848, dans l'ancienne
église Saint-Paul, s'était ouvert un Parlement germanique, élu au suffrage universel; il avait pour
objet de substituer l'unité de l'Allemagne au système de la Confédération germanique, qui datait
des traités de 1815. Composé surtout de professeurs, le Parlement de Francfort entendit discuter de nombreuses théories politiques; mais il
ne faisait à peu près aucune besogne. De Schönhausen Bismarck suivait ces débats avec fort peu
de sympathie. Quelques mois plus tôt, à propos
d'émeutes polonaises qui s'étaient produites à
Posen, il avait écrit que « le premier essor de
l'unité et de la force allemandes » aurait dû être
« d'arracher l'Alsace à la France et de planter sur

la cathédrale de Strasbourg le drapeau allemand ».
Aussi toute l'agitation des parlementaires de l'église
Saint-Paul lui paraissait oiseuse, sinon dangereuse:
si l'unité de l'Allemagne se réalisait jamais un jour,
ce devait être non par une poussée plus ou moins
révolutionnaire de bas en haut, mais bien par une
action politique en sens inverse, qui se ferait au
profit d'un pays, la Prusse, au profit d'une dynastie,
les Hohenzollern.

L'homme, en effet, qui a fait l'unité de l'Allemagne était et resta toujours profondément prussien, prussien jusqu'aux moelles. Le parlement
de Francfort avait fini, après dix mois de tirail-
lements, par voter l'établissement d'un empire
-d'Allemagne et par proposer au roi de Prusse la
couronne de cet empire. Frédéric-Guillaume avait
répondu par un refus; il ne pouvait, disait-il,
« accepter que la couronne qui porte l'empreinte
de Dieu ». En répondant aux délégués de Francfort, il se retrancha derrière « le concours libre des
têtes couronnées, des princes et des villes libres
d'Allemagne », qui était pour lui la condition nécessaire de cette transformation. Dix jours plus tard,
le 13 avril 1849, Bismarck, qui avait été élu député
dans la nouvelle chambre prussienne sortie de la
constitution de décembre 1848, faisait à la tribune
cette déclaration énergique :

« Mieux vaut que la Prusse reste Prusse. Comme
telle, elle sera toujours en état de donner des lois
à l'Allemagne, au lieu d'en recevoir de tels ou tels
autres.

« Messieurs, j'ai comme député l'honneur de

représenter l'ancienne capitale électorale, la ville
de Brandebourg, qui a donné son nom à cette province, base et berceau de la monarchie prussienne ;
je m'en sens d'autant plus obligé de m'opposer à la
discussion d'une motion qui tend à saper et à renverser l'édifice de l'État qu'ont élevé des siècles de
gloire et de patriotisme. La couronne de Francfort
peut être très brillante ; mais l'or qui lui donnera
un brillant véritable, on ne peut l'obtenir qu'en
fondant la couronne prussienne, et je ne crois pas
du tout au succès d'une refonte dans le moule de
cette constitution. »

Un de ses contradicteurs, le baron de Vincke,
parla à ce propos de ses « idées antédiluviennes » ;
mais lui, il continuait à s'affirmer comme le champion de la réaction. Voici la conclusion d'un long
discours, du 6 septembre 1849 :

« Nous sommes Prussiens et nous voulons
rester Prussiens... Et j'espère qu'avec l'aide de
Dieu nous serons encore Prussiens quand, depuis
longtemps déjà, ce morceau de papier (la constitution de Francfort) sera tombé dans l'oubli comme
une feuille sèche de l'automne. »

La manière forte avait toutes ses préférences. La
révolution avait éclaté dans le Palatinat ; les troupes
bavaroises paraissaient peu sûres ; il ne désirait
qu'une chose, leur révolte ouverte. Car, alors,
disait-il au ministre de Bavière, « l'ulcère va être
guéri du coup. Si, au contraire, vous faites un
arrangement avec les troupes hésitantes, l'ulcère
va rester interne... Plus on y ira carrément, mieux
cela vaudra. »

Bismarck était un gaillard ou un butor avec qui il ne faisait pas bon d'entrer en contestation. Dans un restaurant de Berlin il entendit un consommateur parler légèrement de la famille royale. « A la porte ! lui dit-il. Si vous n'êtes pas sorti quand j'aurai vidé ce verre, je vous le casserai sur la tête. » Il fit ainsi, puis s'adressant au garçon, il lui dit tranquillement : « Garçon, combien pour le verre cassé? » Un jour, à Sans-Souci, il avait parlé très durement au roi; il lui avait reproché, sans ambages, d'avoir évacué Berlin après les journées de mars et d'avoir inoculé la révolution à son peuple par les organes de l'autorité royale. « Je ne crois plus, lui avait-il dit, en l'assistance, en l'appui du roi. »

La verbosité parlementaire lui était insupportable. Au sortir d'une séance de la Chambre, le 28 août 1849, il écrivait à sa femme : « Tout ce que nous rabâchons et décidons n'a pas plus de valeur que la contemplation d'un clair de lune par un jeune homme sentimental qui construit des châteaux en l'air. » Il n'avait aucune envie d'imiter le régime français; il disait à la tribune de la Chambre : « L'exemple de la France n'est pas très séduisant et je ne vois réellement rien dans sa situation actuelle (en 1849) qui nous engage à mettre sur notre corps vigoureux et sain la tunique de Nessus des théoriciens politiques français... L'égalité française est une fille chimérique de l'envie et de la convoitise, que cette nation richement douée poursuit, depuis soixante ans, à travers le sang et l'aberration, sans pouvoir l'atteindre. »

Frédéric-Guillaume sentait la valeur de ce rude donneur d'avis, qui avait son franc parler sur tout et sur tous. Il avait été question à un moment de le faire entrer au ministère ; le roi biffa son nom et écrivit en marge : « Ne pourra être nommé ministre que si la baïonnette doit être maîtresse absolue. » En attendant la constitution d'un ministère à poigne, il pouvait être employé dans la diplomatie : il fut envoyé à la Diète de Francfort.

ENTREVUE D'OLMÜTZ

Le régime de 1815 se restaurait, en effet, peu à peu, malgré la secousse profonde qui avait ébranlé en 1848 toute l'Allemagne féodale. Frédéric-Guillaume, après avoir refusé la couronne impériale, avait eu l'idée singulière de reprendre l'œuvre du Parlement de Francfort ; il avait réuni, en 1850, un parlement à Erfurt, avec la mission d'examiner un nouveau projet d'organisation de l'Allemagne, dit de l' « union restreinte ». Ce parlement vécut un mois à peine ; Bismarck, qui en avait été membre, ne le regretta point. Comme l'Autriche venait à ce moment de triompher de la révolution en Hongrie et en Italie, elle entreprit de rétablir en Allemagne le système de 1815, qui était tout à son profit. Schwarzenberg, le ministre de François-Joseph, eut avec Manteuffel, le ministre de Frédéric-Guillaume, une entrevue à Olmütz, que suivirent bientôt des conférences à Dresde. Le résultat de ces pourparlers fut que l'ancienne Diète de Francfort était rétablie comme par le passé.

Lors de l'entrevue d'Olmütz, on avait pu croire
à un moment à une guerre imminente entre l'Autriche et la Prusse; car Schwarzenberg, qui avait
pour principe « d'avilir d'abord la Prusse et puis
de la démolir », avait envoyé à Berlin une note
menaçante : Frédéric-Guillaume avait cédé. Tout
un parti à la Chambre prussienne disait que l'honneur prussien était compromis; on parlait de « l'humiliation » d'Olmütz, de la « reculade » d'Olmütz.
Bismarck, qui devait un jour déchirer le pacte
fédéral et mettre l'Autriche à la porte de l'Allemagne, prononça un long discours pour approuver
ce qui s'était passé; le féodal qui était en lui ne
voyait pour le moment qu'une chose, la défaite de
la démocratie.

« L'honneur prussien, dans ma conviction, dit-il,
ne consiste pas en ce que la Prusse joue partout
en Allemagne le rôle de don Quichotte... J'attache,
pour moi, l'honneur prussien à ce que, avant toute
chose, la Prusse se garde de tout contact ignomi-
nieux avec la démocratie,... à ce que tout ce que
la Prusse et l'Autriche, après un libre examen fait
en commun, auront jugé sage et politique, soit
exécuté de concert par ces deux puissances protec-
trices de l'Allemagne, ayant parité de droits à cet
égard... Une guerre contre l'Autriche ne pourrait
être qu'une guerre de propagande et de principes
révolutionnaires. »

Ainsi parlait Bismarck en 1850; il ne faudra pas
de longs mois pour que son langage change. Ce
qui ne changera jamais en lui, c'est cette définition qu'il avait donnée dans le même discours :

« L'unique base saine et salutaire pour un grand
État, c'est l'égoïsme politique et non pas le goût
romantique. » Il est certain que le « goût romantique » ne devait jamais être dans le tempérament
du chancelier de fer.

A LA DIÈTE DE FRANCFORT

La Prusse avait pour représentant à la Diète de
Francfort le général de Rochow. Deux conseillers
de légation devaient lui être adjoints : Bismarck
fut l'un des deux. Le roi, qui hésitait en toutes
choses, ne put s'empêcher de lui dire : « Vous
avez bien du courage de vous charger ainsi, au
pied levé, d'une fonction qui ne vous est pas familière. — Le courage, répondit Bismarck, c'est
Votre Majesté qui l'a, en me confiant ce poste. Au
demeurant, Votre Majesté n'est tenue nullement
à maintenir ma nomination, du moment qu'elle
constatera qu'elle a nommé un homme incapable
de remplir cette fonction. Quant à moi, je ne puis
savoir si la tâche est au-dessus de mes capacités,
avant de m'y être appliqué. » Le roi répliqua :
« Nous allons faire un essai. »

Bismarck avait pris le parti de renoncer au rêve
qu'il exprimait vers cette époque à sa femme :
« J'ai une idée fixe qui me poursuit partout, c'est
de m'asseoir dans un vallon simple et profond, en
plein été, tout près d'un ruisseau, ma tête sur tes
genoux, et de regarder le ciel bleu à travers la
fumée de mon cigare et les vertes cimes des arbres

et d'être regardé par toi, et de ne faire absolument rien. Quand cela sera-t-il? »

La nomination de Bismarck à la Diète était signée le 6 mai 1851 ; ce fut le début de cette carrière politique qui allait faire de lui le président du conseil des ministres de Prusse et le chancelier de l'empire d'Allemagne. Sa vie d'homme d'État devait durer trente-neuf ans.

La Diète fédérale de Francfort (*Bundestag*) reprenait justement à cette époque le cours de ses séances, qui avait été interrompu par les événements de 1848. Comme par le passé, elle comprenait trente-neuf États souverains; seuls, les délégués de ces États, sans aucune adjonction de députés élus par les populations, constituaient l'assemblée. Comme par le passé, elle était placée sous la présidence de l'Autriche et la vice-présidence de la Prusse. Comme par le passé, le mécanisme de ses délibérations se composait de rouages compliqués et grinçants, qui sonnaient la vieille ferraille. Les apparences restaient les mêmes; il y avait toutefois quelque chose de changé dans l'air qu'on respirait à présent sur les bords du Mein.

Frédéric-Guillaume IV avait eu, depuis trois ans, une attitude équivoque, qui était en harmonie avec son caractère, mais qui avait révélé, malgré tout, l'antagonisme latent entre la Prusse et l'Autriche. Il avait refusé la couronne impériale qui lui avait été offerte ; puis il avait essayé de faire un groupement des États de l'Allemagne du Nord. L'Autriche n'avait pas dissimulé sa mauvaise humeur, et la Prusse, humiliée par la « reculade » d'Olmütz,

avait consenti à la restauration du vieux droit
fédéral. Mais elle l'avait fait sous le coup de la
menace, et la victoire de sa rivale lui avait laissé
une impression pénible. Loin de s'atténuer, ces
sentiments de jalousie ou de revanche étaient
appelés à prendre une forme plus violente, du moment où le représentant de la Prusse était, comme
Bismarck, un Prussien foncièrement prussien.

Quand Bismarck arriva à Francfort, il avait
trente-six ans; à cet âge, et avec le caractère peu
endurant qu'on lui connaît, il n'était pas homme à
dissimuler l'agacement que lui causait la pré-
tendue supériorité de l'Autriche. Il avait commencé par se débarrasser de son chef officiel; le
15 juillet, deux mois à peine après son arrivée, il
était nommé lui-même ambassadeur en titre. Alors,
à tout propos, pour des affaires sérieuses ou pour
des futilités, il engagea des escarmouches avec le
représentant de l'Autriche; si bien qu'un jour
celui-ci, poussé à bout (c'était alors le comte Rech-
berg), lui proposa de vider leur querelle le pistolet
à la main. Bismarck, très maître de lui, lui fit
comprendre que les affaires diplomatiques ne se
traitaient pas par des procédés de duellistes.

Il y eut encore le fameux incident du cigare, que
Bismarck aimait à raconter. A la Diète, le représentant de l'Autriche, président de l'assemblée,
avait seul le privilège ou l'habitude de fumer. Un
beau jour, Bismarck, qui était grand fumeur, tira
un cigare de sa poche et demanda tranquillement
du feu au président, qui était le comte Buol. Très
étonné, Buol donna du feu; les assistants, stupé-

faits, présageaient un gros incident diplomatique. La nouvelle fut télégraphiée à Berlin; ce fut bientôt un événement officiel : deux grandes puissances fumaient à la Diète, l'Autriche et la Prusse. Au bout de six mois, la Bavière se mit à allumer son cigare, puis la Saxe, le Wurtemberg et bientôt tous les autres États, à l'exception de la Hesse-Darmstadt, qui se jugeait trop petit garçon. L'Autriche avait perdu son monopole en fait de tabagie, en attendant de perdre davantage.

Bismarck pàssa environ huit ans à la Diète de Francfort. Il avait acquis la connaissance parfaite de ce terrain où confluait toute la politique intérieure et extérieure du corps germanique. C'était, disait-il, une tanière à renards; il en connaissait toutes les issues, jusques et y compris les conduits de décharge. L'épigramme de Henri Heine sur la Confédération germanique était toujours de circonstance : *O Bund, Du Hund, Du bist nicht gesund,* « Confédération, toi chienne, tu n'es pas en bonne santé »; ou, pour conserver les assonances : « O Lien, toi chien, tu n'es pas sain ». Les rapports très compliqués des États allemands entre eux, la question du Zollverein ou de l'union douanière, les affaires d'Orient, qui aboutirent à la guerre de Crimée et au congrès de Paris, quel champ d'observations et d'intrigues pour un homme qui entendait se tenir au courant de tout et dont l'idée maîtresse était la primauté de la Prusse et de sa dynastie!

A Francfort, ce diplomate officiel conçut le plus vif mépris pour la diplomatie; il faut s'entendre :

pour la diplomatie de bureau, qui se borne à noir-
cir du papier, sans être accompagnée d'un geste
énergique. Il écrivait à sa femme : « Francfort est
horriblement ennuyeux... Figure-toi un méchant
et perpétuel espionnage... Qu'on m'envoie le save-
tier X ou M. de..., et, s'ils sont bien lavés et
bien peignés, j'en ferai des diplomates. En l'espèce,
je fais de rapides progrès dans l'art de parler
beaucoup pour ne rien dire... Chacun de nous
s'imagine, et il en croit autant des autres, qu'il
est rempli d'idées et de projets,... et pourtant nous
ne savons pas tous ensemble de l'épaisseur d'un
cheveu ce que deviendra l'Allemagne, pas plus que
nous ne pourrions dire le temps qu'il fera l'été
prochain. Personne, pas même le plus malveillant
des démocrates, ne se fait une idée de ce qu'il y a
de nullité et de charlatanisme dans cette diplomatie. »

Une autre idée grandissait rapidement à Francfort dans l'âme de Bismarck, au point de l'envahir
tout entière. Il avait, on se le rappelle, défendu la
convention d'Olmütz, il avait été partisan de l'alliance de la Prusse avec l'Autriche. Et voici que
bien vite l'Autriche, qu'il voit à l'œuvre dans la
présidence de la Diète, lui inspire des sentiments
d'aversion, ou mieux, de haine. De jour en jour son
patriotisme prussien s'exalte, s'exacerbe ; il n'y a
pas de place en Allemagne pour deux puissances
égales : l'une doit supplanter l'autre. A son chef,
le ministre Manteuffel, il écrit : « L'intérêt de la
Prusse est pour moi le seul poids normal qui
doive entrer dans la balance de notre politique. »

Sa conviction était que le système dualiste sur lequel reposait la Confédération de 1815 était une équivoque, qui ne pouvait ni durer ni se dénouer pacifiquement; il y avait là un nœud gordien, l'épée seule était capable de le trancher.

Peu de temps après avoir quitté Francfort, quand il était ambassadeur à Pétersbourg, Bismarck écrivait à M. de Schleinitz, ministre des Affaires étrangères de Prusse, cette phrase prophétique, qui en dit long : « Je vois dans notre situation fédérale un vice dont souffre la Prusse et qu'il faudra tôt ou tard extirper *ferro et igne*, si l'on n'y porte remède quand il en est temps encore. » Cela est écrit le 12 mai 1859, c'est-à-dire, qu'on le remarque bien, sept ans avant Sadowa. Il écrivait encore vers la même date : « La Confédération a été jusqu'à ce jour pour la Prusse un poids et une corde autour de notre cou, une corde dont le bout est dans des mains ennemies qui n'attendent qu'une occasion pour serrer. » Or il n'était pas d'humeur à se laisser étrangler, ni lui ni son pays. En rédigeant bien plus tard ses *Pensées et Souvenirs*, il a rappelé ce que cette situation lui avait fait souffrir alors : « Eh bien! moi, en tant que représentant de la politique prussienne, je ne pouvais me défendre d'un sentiment de honte et d'exaspération, quand je voyais que nous renoncions à toute politique et à toute pensée personnelles, dès que l'Autriche produisait ses exigences, dont la forme n'était pas toujours des plus polies... Le roi partageait plus ou moins mon impression, mais il n'avait aucune envie de réagir en adoptant une politique à larges vues. »

Bismarck ne passa pas à Francfort d'une manière continue les huit années de son ambassade. Il venait très fréquemment à Berlin, où le roi aimait à le consulter sur les affaires courantes; il en résultait un vif déplaisir du président du conseil Manteuffel, qui jalousait sa faveur et sentait en lui un successeur prochain. Le roi comptait sur Bismarck pour avoir raison « des brebis galeuses de la droite et des boucs infects de la gauche »; cependant il ne suivait pas toujours ses avis. Bismarck avait aussi à Berlin de fréquents entretiens avec le frère du roi, le futur Guillaume Ier; en particulier, il s'efforçait de le convaincre que la Prusse n'avait absolument aucune raison, dans la question d'Orient, pour faire la guerre à la Russie. Près de Francfort, il allait parfois rendre visite au vieux prince de Metternich, dans son château de Johannisberg, sur les bords du Rhin; il avait capté sa confiance en lui faisant raconter sa longue carrière. « De temps en temps, disait-il, je frappais la cloche pour qu'elle continuât à résonner. » Et l'ancien chancelier racontait ses petites histoires.

VOYAGES A VIENNE ET A PARIS

Deux fois, pendant son ambassade de Francfort, Bismarck fit des voyages à l'étranger. En 1852, il fut envoyé à Vienne; il s'agissait d'établir avec l'Autriche une entente douanière et commerciale. La lettre par laquelle son maître l'accréditait

auprès de l'empereur François-Joseph disait de lui
qu'il était « honoré par les uns, haï par les autres
à cause de sa loyauté chevaleresque et de son
opposition irréconciliable à la révolution sous
toutes les formes; il est mon ami et loyal serviteur ». La mission spéciale dont il avait été chargé
n'eut pas d'effet pour le moment; du moins ce
voyage lui permit de visiter une partie de la
Hongrie, — d'où il écrivit à sa femme des lettres
fort pittoresques, — et surtout de voir de près
l'empereur et les hommes d'État autrichiens. Il se
rendit compte que l'Autriche n'avait pas la puissance que le succès d'Olmütz avait pu faire sup-
poser. Ce succès avait été l'œuvre personnelle
d'un ministre très énergique, Schwarzenberg, qui
était mort au mois d'avril 1852. Ceux qui l'avaient
remplacé, Bach, Buol, Bruck, — le ministère
monosyllabique, — n'étaient pas de force à jouer
la même partie. Bismarck rentrait à Berlin avec
un ensemble d'observations sur les hommes et sur
les choses de l'Autriche qui pouvait lui faire con-
cevoir de l'espoir pour ses desseins personnels. De
plus en plus convaincu, à mesure qu'il exerçait
son ministère à Francfort, qu'une collision inévitable éclaterait un jour ou l'autre entre sa patrie
et l'Autriche, il pouvait envisager l'avenir avec
assez de confiance.

En 1855, une invitation du comte de Hatzfeld,
l'ambassadeur de Prusse en France, appela Bismarck à Paris. C'était l'année de l'Exposition Universelle au palais de l'Industrie; le siège de Sébastopol touchait alors à sa fin. Dans ces circons-

tances, il vit alors à Paris la reine Victoria et le
prince Albert, il fut présenté à Napoléon III; il
assista à une fête à Versailles, dont l'organisation
lui parut défectueuse. « Les temps étaient bien
loin, dit-il avec sa fatuité tudesque, où, pour la
politesse et le bon ton, on pouvait faire ses classes
en France et à la cour de Paris. » L'empereur,
qu'il vit à plusieurs reprises, lui parla d'établir un
accord intime entre la France et la Prusse. « Ces
deux États voisins, placés à la tête de la civilisation par leur culture intellectuelle et leurs institutions, se devaient un mutuel appui. » Telle était,
paraît-il, l'opinion de Napoléon: Bismarck la rapporte sans commentaires; mais dès lors il avait
jugé l'empereur : « sot et sentimental, il se meut
au milieu des notions les plus fantastiques ».

Le futur chancelier vit encore Napoléon deux
ans plus tard, en 1857, lors d'un nouveau voyage à
Paris, amené par le règlement de la question de
Neuchâtel. L'empereur l'entretint de divers projets,
en revenant toujours à son idée d'une alliance
franco-prussienne. Pour lui, il écoutait et il se faisait une opinion, de plus en plus motivée, sur ce
souverain indécis et rêveur. « J'ai l'impression,
disait-il alors au roi de Prusse, que l'empereur est
un homme intelligent et aimable, bien qu'il ne soit
pas aussi habile qu'on veut bien le dire : qu'il se
passe un événement quelconque, on le met sur
son compte, et, s'il pleut à contretemps dans l'Asie
orientale, on en attribue la cause à quelque ma-
chination perfide de l'empereur. » Bismarck s'exprimait ainsi, peu après le Congrès de Paris, où le

gouvernement de Napoléon III avait été l'arbitre
de la paix européenne. Il estimait qu'on avait de
l'empereur des Français une opinion surfaite, qui
ne lui en imposait pas à lui-même. De Paris
comme de Vienne, il rapportait des jugements
personnels, qui lui permettaient d'avoir confiance
dans l'avenir.

RELATIONS AVEC LE PRINCE RÉGENT

Au mois d'octobre 1857, le roi Fréderic-Guil-
laume, qui donnait des signes d'affaiblissement
physique et intellectuel, passa à son frère l'administration du royaume pour trois mois. Un an plus
tard, en octobre 1858, sa mauvaise santé l'obligea
à faire davantage : il confia à son frère la régence.
Il venait de signer sa propre abdication, elle devait
précéder sa mort de près de deux ans et demi.

Ce changement dynastique eut des conséquences
intéressantes pour la carrière de Bismarck. Ses
premières relations avec le prince royal, le futur
Guillaume Ier, remontaient à 1835, quand il avait
lui-même une vingtaine d'années. Après les journées de mars, comme le prince revenait d'Angleterre, où il avait fait un court séjour, Bismarck lui
avait lu une poésie de circonstance qui circulait
alors dans l'armée et qui exprimait la colère des
soldats lors de l'évacuation de Berlin qu'on leur
avait imposée.

Noir, rouge et or leur drapeau reluit au soleil;
L'aigle noire tombe de la hampe, souillée.
Ici prend fin, ô Zollern, ta glorieuse histoire;

Ici tomba un roi, mais non dans la bataille.
Nous ne tournons plus nos regards
Vers l'étoile tombée.
Ce que tu fis là, prince, tu t'en repentiras.
Pas un seul ne sera fidèle, comme le furent les Prussiens.

Le prince n'avait pu s'empêcher de pleurer à ce souvenir humiliant. Depuis lors, des entretiens assez fréquents avaient eu lieu entre les deux hommes; Bismarck sentait bien du côté de la princesse de Prusse, la future impératrice Augusta, des dispositions peu favorables; mais la confiance du prince à son égard n'en était point ébranlée. Il en eut bientôt la preuve, d'une manière inattendue. Au mois de janvier 1859, le régent lui fit savoir qu'il comptait lui donner l'ambassade de Pétersbourg. Bismarck ne put s'empêcher de présenter des objections : il connaissait à présent le terrain de Francfort, depuis huit ans qu'il le pratiquait; l'enlever de Francfort, ne serait-ce pas perdre le bénéfice de la situation qu'il avait acquise? « Je ne comprends pas, lui répondit le régent, pourquoi vous prenez la chose au tragique. Saint-Pétersbourg a toujours passé pour le poste le plus élevé de la diplomatie prussienne, et vous devriez accepter votre nomination comme un témoignage de ma haute confiance. » Bismarck n'avait qu'à s'incliner; sa nomination fut signée le 29 janvier 1859.

Dans la pensée du régent, l'ambassade de Pétersbourg n'était qu'une désignation anticipée à de plus hautes fonctions; il songeait sans doute à donner à brève échéance la présidence du Conseil à un homme dont il appréciait les grandes qualités d'esprit et le dévouement exclusif à la cause prussienne. Il était lui-même assez jaloux de son autorité. Un jour qu'il causait librement avec Bismarck de ses collaborateurs, il lui avait dit : « Me prenez-vous, par hasard, pour un bonnet de nuit? Je serai moi-même mon ministre des Affaires étrangères et mon ministre de la Guerre; ce sont des choses auxquelles je m'entends » Cependant il avait le sentiment que la politique générale du royaume devait être dirigée par un homme qui aurait donné à la dynastie et au pays des raisons sérieuses d'avoir confiance en lui. Pourquoi Bismarck ne serait-il pas cet homme? Quand il avait siégé dans les assemblées législatives, il s'était posé en adversaire énergique de la Révolution sous toutes les formes. A Francfort, il avait acquis une maîtrise spéciale des questions diplomatiques; une grande ambassade achèverait de lui donner toute l'autorité nécessaire. Alors il pourrait rentrer à Berlin pour y recevoir la présidence du Conseil.

Bismarck partit donc, au mois de mars 1859, pour aller représenter le gouvernement de Frédéric-Guillaume IV ou plutôt du régent le prince Guillaume auprès du tsar Alexandre II.

II

LA PREMIÈRE PASSE D'ARMES

Ambassadeur en Russie. — Relations avec Roon. — Un
programme de politique étrangère. — Avènement de
Guillaume Ier. — Ambassadeur à Paris. — Président du
Conseil et ministre des Affaires étrangères. — Conflits
avec la Chambre des députés. — « La force prime le
droit ». — Insurrection de la Pologne russe. — Guerre
de Danemark. — Convention de Gastein. — Comte de
Bismarck. — Voyage à Biarritz.

AMBASSADEUR EN RUSSIE

Quand Bismarck quitta Berlin pour aller prendre possession de son poste d'ambassadeur en
Russie, il dut faire une longue étape du voyage en
chaise de poste, dans des conditions très pénibles ;
il n'y avait pas de raccord, en effet, à cette époque
entre les chemins de fer prussiens et les chemins
de fer russes. De Kœnigsberg à Pskow, pendant
plus de six cents kilomètres, la voiture de Bismarck roula quatre-vingt-seize heures sans arrêt,
quatre jours et quatre nuits. Cette manière de
voyager, par la neige et un froid qui pendant la
nuit descendait à douze degrés, lui avait laissé de
fâcheux souvenirs. « La Russie, écrivait-il, s'est
allongée sous nos roues ; les verstes ont fait des
petits à chaque station. » L'intérieur de la malle-
poste était trop petit pour sa grande taille ; il avait

dû faire le voyage sur la banquette extérieure, qui
était ouverte par devant. Il avait tellement souffert
du froid que la peau de son visage s'était détachée
par écailles. Ces inconvénients furent vite oubliés
devant l'accueil empressé qui lui fut fait à Pétersbourg.

On était alors dans la troisième année qui suivit
la guerre de Crimée. Gortschakoff, qui avait pris
la direction de la politique étrangère, était d'avis
de maintenir la Russie dans le « recueillement »;
après cette forte secousse, — simple chiquenaude
auprès du cataclysme actuel, — elle avait besoin
de se replier pendant quelque temps sur elle-même.
Pour le tsar Alexandre II, le sentiment qui domi-
nait alors en lui était l'animosité contre l'Autriche;
cette puissance, suivant le mot connu, venait d'éton-
ner la Russie et le monde par son ingratitude;
n'avait-elle pas, en effet, refusé de soutenir l'empire des tsars dans la guerre de Crimée, alors qu'elle
n'avait dû la répression de l'insurrection hongroise
en 1849 qu'à l'intervention de la Russie? Par suite,
un terrain d'entente s'établit très vite entre l'empereur et l'ancien ambassadeur à la Diète, qui
avait rapporté de Francfort des sentiments nettement anti-autrichiens. Bismarck trouva encore un
accueil très favorable auprès de l'impératrice mère,
fille de Frédéric-Guillaume III, veuve de Nicolas Ier;
il disait d'elle à sa femme : « D'un caractère aimable, elle me témoigne une affabilité presque
maternelle. Je cause avec elle comme si je la con-
naissais depuis l'enfance. » Le caractère de ces
relations personnelles, sans parler de sa connais-

sance parfaite de la langue russe, contribua à
donner tout de suite à l'ambassadeur de Prusse une
position très solide.

La première année de l'ambassade de Bismarck
fut marquée par un événement européen d'une
importance capitale. La France s'était alliée au
royaume de Sardaigne; Napoléon III et Victor-
Emmanuel avaient uni leurs armées pour libérer
l'Italie du Nord de la domination autrichienne.
L'opinion publique en Prusse, surtout dans le
monde militaire, ne dissimulait pas ses inquié-
tudes. Que signifiait cette intervention de la
France? C'était la cassation à brève échéance des
traités de 1815, sur lesquels était fondé le droit
public européen; un nouveau Napoléon se faisait
encore l'instrument d'une politique qui était une
menace pour l'Europe. Le régent céda à la mauvaise humeur de son entourage. Après la bataille
de Magenta, qui avait décidé du sort de la Lom-
bardie, il avait ordonné la mobilisation de six corps
d'armée, soit cent quatre-vingt mille hommes. Après
la bataille de Solférino, quand les Français arrivèrent à l'entrée de la Vénétie, les préparatifs militaires de la Prusse furent poussés avec une véritable fièvre; les journaux escomptaient déjà une
victoire sur le Rhin et l'annexion de l'Alsace. Aussi
l'armistice de Villafranca, du 11 juillet, causa-t-il
en Prusse une déception profonde. On avait cru
qu'on allait porter à l'ennemi héréditaire le coup
qui n'avait pu être frappé en 1840; une fois encore,
il fallait laisser l'épée au fourreau.

Bismarck ne partageait pas à ce moment cette

humeur belliqueuse ; car il n'était pas d'avis de
faire en aucune manière le jeu de l'Autriche. Il
écrivait à son frère (8 mai 1859) : « Si nous aidons
l'Autriche à la victoire, nous lui assurerons une
situation comme elle n'en a jamais eu en Italie et
en Allemagne depuis l'édit de restitution pendant
la guerre de Trente ans, et il faudra un Gustave-
Adolphe ou un Frédéric II pour nous émanciper à
nouveau... Nous ne sommes pas assez riches pour
user nos forces dans des guerres qui ne nous rap-
portent rien. »

Le succès militaire lui paraissait pour le moins
douteux. « Si la fortune nous est contraire, écrivait-il à un de ses amis de Francfort (1er juillet 1859), nous verrons les États fédéraux nous
fausser compagnie et nous abandonner comme le
fruit flétri que le vent fait tomber de l'arbre. Ceux
d'entre eux dont la capitale aura reçu une garnison
française n'auront rien de plus pressé que de se
sauver patriotiquement sur le radeau d'une nouvelle Confédération du Rhin. » Aussi l'inaction
forcée à laquelle la Prusse se trouva tout à coup
réduite fut-elle en parfaite harmonie avec sa
manière de voir.

RELATIONS AVEC ROON

Bismarck tomba gravement malade pendant son
séjour à Pétersbourg. En guise d'encouragement,
un ami lui disait, d'un air entendu, que tous les
représentants de la Prusse mouraient ou deve-
naient fous ; lui-même s'était vu à la veille d'être

typhique ou idiot. Cependant sa forte constitution et un traitement au madère lui permirent de reprendre le dessus. Il avait laissé à Berlin des amis qui comptaient sur lui pour l'exécution de certains projets politiques. Au premier rang de ces amis se trouvait Albert de Roon, qui s'était acquis depuis longtemps une grande réputation dans les sciences militaires; le choix intelligent du régent venait de l'appeler, au mois de décembre 1859, au ministère de la Guerre; il devait garder ces importantes fonctions jusqu'à la fin de 1873, c'est-à-dire durant quatorze années d'une manière continue; la chose paraîtra intéressante dans les pays où l'instabilité ministérielle est comme un principe de la vie politique. Bismarck et Roon se connaissaient depuis l'année 1835, quand l'un avait vingt ans et l'autre trente-deux; ils s'étaient liés de plus en plus, comme s'ils avaient deviné qu'ils auraient un jour besoin l'un de l'autre pour réaliser de grands desseins.

Pour le moment Roon avait décidé d'entreprendre la réorganisation de l'armée; comme l'expérience de mobilisation qu'on avait tentée dans l'été de 1859 avait médiocrement réussi, il estimait qu'il fallait refondre le régime de l'armée. Il sentait à l'avance une vive résistance dans la seconde Chambre prussienne; aussi tenait-il à avoir pour compagnon de lutte à Berlin l'ambassadeur de Pétersbourg, dont il connaissait toute l'énergie. C'est pourquoi il s'efforçait d'ouvrir à son ami l'accès au ministère. Le chef du cabinet militaire du régent, Edwin de Manteuffel, le futur général de 1866 et de 1870, patronnait aussi auprès de son

maître la même candidature. L'un et l'autre solli-
citaient pour Bismarck le portefeuille des Affaires
étrangères.

UN PROGRAMME DE POLITIQUE ÉTRANGÈRE

Le régent prit le parti de demander à l'ambassadeur, lors d'un séjour à Berlin, d'exposer, devant
lui-même et quelques ministres, le programme qu'il
comptait suivre. « Le côté le plus faible de notre
politique, dit Bismarck, est notre condescendance
envers l'Autriche, qui nous a dominés depuis
Olmütz... Si nous pouvons résoudre d'accord avec
l'Autriche la question de notre influence en Allemagne, cela n'en vaudra que mieux; mais cette
entente ne sera possible que lorsque, à Vienne, on
aura la conviction que, dans le cas contraire, nous
ne redouterons pas la rupture et la guerre. » Il
importait de conserver de bonnes relations avec la
Russie; elles étaient très précieuses pour la politique prussienne. Le ministre des Affaires étrangères, Schleinitz, prit à son tour la parole; d'après
lui, les véritables dangers qui menaçaient la Prusse
venaient de l'Ouest, de Paris et non d'ailleurs. Il
reprenait en somme le testament de Frédéric-Guillaume III, le vaincu d'Iéna et de Tilsit, le vainqueur de Leipzig et de Waterloo. Le régent, le
fils de la reine Louise, fut touché par cet appel aux
traditions paternelles; il laissa Bismarck retourner
à Pétersbourg.

Celui-ci peut-être n'en était pas autrement fâché;
il écrivait à sa sœur (15 juillet 1860) : « Je suis

comme un vieux retraité qui a renoncé aux choses
de ce monde ou comme un militaire autrefois
ambitieux qui a atteint le port d'un bon commandement, et il me semble que je pourrais attendre
ici la fin de mes jours pendant de longues années
de contentement. » Il lui disait encore (14 mars
1861) : « Je ne trouve point l'hiver aussi mauvais
que je l'avais pensé, et je ne demande pas que ma
situation soit modifiée jusqu'à ce que je puisse, s'il
plaît à Dieu, aller me reposer à Schönhausen ou à
Reinfeld et y faire confectionner mon cercueil,
sans précipitation. »

AVÈNEMENT DE GUILLAUME Iᵉʳ

Cependant Frédéric-Guillaume IV avait terminé,
le 2 janvier 1861, sa douloureuse existence ; son
frère le régent inaugurait son règne personnel, à
l'âge de soixante-quatre ans, sous le nom de Guil
laume Iᵉʳ. Il se fit couronner à Kœnigsberg, dans
la capitale du premier roi de Prusse, avec une
solennité extraordinaire. Bismarck avait assisté à
la cérémonie, puis il avait rejoint son poste. Son
séjour en Russie ne fit qu'accroître les sentiments
d'inimitié qu'il portait, en sa qualité de bon Prussien, à tout ce qui était polonais. « Tout succès du
mouvement national de Pologne, écrivait-il, est
une défaite pour la Prusse ; nous pouvons conduire
le combat contre cet élément selon les règles, non
du droit des gens, mais de la guerre. Nous devons
considérer le polonisme, non avec humanité et
impartialité, mais en adversaire. Entre nous et les

partisans du rétablissement de la Pologne, il n'y a pas de paix possible. » C'était pour lui une raison de plus d'entretenir de bons rapports avec Péters-bourg, où l'hostilité contre la Pologne était aussi un principe de gouvernement. Comment Bismarck et la Prusse sont restés fidèles à cette haine polo-naise, on le sait, on ne le sait que trop ; mais comment le patriotisme polonais a réussi, en dépit de toutes les persécutions, à maintenir les traditions nationales et l'espérance irréductible en des jours meilleurs, on le sait aussi ; on le saura mieux en-core, quand la guerre actuelle aura sa véritable fin.

AMBASSADEUR A PARIS

Au mois de mai 1862, Bismarck était rappelé de Pétersbourg ; quelques jours plus tard, il était nommé ambassadeur à Paris. Avant que cette nomination le mît en évidence, Bismarck était déjà regardé en Prusse, dans les milieux bien informés, comme un homme de grand avenir. Un sous-lieutenant d'artillerie, entré en 1861 à l'École d'application de Metz, devenu officier général, nous rapportait qu'il avait entendu parler pour la pre-mière fois de Bismarck, au mois de février 1862, dans les circonstances suivantes.

Les officiers de l'École d'application donnaient chaque année, au cours de l'hiver, un bal de bien-faisance par souscription. Les officiers allemands des garnisons voisines, Sarrebruck et Sarrelouis, y assistaient. Les Français les recevaient à leur table et des conversations s'engageaient comme

entre camarades. Un de ces officiers étrangers, fils
d'un ministre prussien, eut avec notre sous-lieutenant une conversation longue et sérieuse. Il lui
parla d'un homme qui commençait à pointer et
qui semblait appelé à une haute fortune ; il s'appelait Bismarck, c'était un nom à retenir. Et cet
officier, en veine de confidence, ajoutait : Pourquoi la France ne se servirait-elle pas de l'influence
de Bismarck pour contracter une alliance avec la
Prusse contre leur commune ennemie, l'Autriche?
L'anecdote est caractéristique par sa date ; elle
prouve que le futur chancelier de l'empire d'Allemagne était déjà tenu dans son monde, dès
l'année 1862, pour un personnage sur qui on
avait les yeux.

L'ambassade de Paris était comme un nouveau
stage que Guillaume Ier faisait faire à Bismarck,
en attendant qu'il lui ouvrît l'entrée au ministère.
Bismarck ne fit que traverser Berlin. Il écrivait à
sa femme (25 mai 1862) : « Combien de temps
resterai-je là-bas (à Paris)? Qui le sait. Peut-être
quelques mois, quelques semaines seulement. Ici,
tout le monde conspire pour me retenir à Berlin,
et je m'estimerai heureux le jour où j'aurai enfin
trouvé sur les bords de la Seine un point où je
serai tranquille et un portier qui ne laissera pénétrer personne auprès de moi. » Cependant, une
fois installé rue de Lille, dans l'ancien hôtel du
prince Eugène, tout ne lui parut pas parfait au
point de vue du confort. « La maison, écrit-il à sa
sœur (16 juin 1862), est très bien située, mais elle
est sombre, humide et froide... Tout est exposé au

Nord et a une odeur de moisissure et de cloaque...
C'est là que Hatzfeld et Pourtalès ont vécu tout le
temps; mais ils en sont morts à la fleur de l'âge;
et, si je reste dans cette maison, je mourrai aussi
plus tôt que je ne désire. »

Le 1er juin (1862), Bismarck fut reçu officiellement aux Tuileries, pour remettre ses lettres de
créance à Napoléon III. « Il m'a reçu amicalement;
il a bonne mine, est devenu un peu plus fort, mais
il n'a ni engraissé, ni vieilli... L'impératrice est
toujours une des plus belles femmes que je con-
naisse, malgré Saint-Pétersbourg; elle a plutôt
embelli depuis cinq ans. » Bismarck fut invité par
l'empereur à se rendre à Fontainebleau. En se promenant dans le jardin de Diane, les deux hommes
abordèrent les questions politiques. L'empereur
demanda à brûle-pourpoint à son hôte s'il croyait
que le roi de Prusse fût disposé à contracter une
alliance avec lui. Bismarck se réfugia dans une
réponse polie et évasive. L'empereur revint à la
charge; il parlait des avantages d'une « alliance
diplomatique ». Mais Bismarck, qui savait l'opposition de son roi à tout rapprochement avec la
France, restait fort embarrassé. « J'étais, a-t-il dit,
devant l'empereur comme Joseph devant la femme
de Putiphar. » L'on sait, en effet, que l'attitude du
fils de Jacob et de Rachel fut singulièrement gênée
en face des avances de l'ardente Égyptienne. L'entretien de Fontainebleau n'eut pas de conséquence;
du moins, venant après les entretiens de 1855 et
de 1857, il avait permis au Joseph de Schönhausen
d'étudier de près le caractère de son interlocuteur,

de deviner ce qu'il y avait de vague et d'hésitant
dans cette imagination qui se découvrait, sans
prendre ses précautions.

Dans ce même entretien, l'empereur déclara
qu'avant peu il y aurait un soulèvement à Berlin,
la révolution dans le pays et que le roi aurait
toute la nation contre lui s'il tentait un plébiscite.
Et Bismarck de faire cette réponse, quelque peu
impertinente : « Notre peuple ne construit pas des
barricades; les rois seuls en Prusse font des révolutions. »

L'empereur porta ce jugement sur Bismarck :
« Ce n'est pas un homme sérieux. » De son côté,
Bismarck, à un diplomate russe qui lui demandait
peu après ce qu'il pensait de Napoléon III, répondait par le vers de La Fontaine :

De loin, c'est quelque chose: et de près, ce n'est rien.

L'ambassadeur n'avait pas grand'chose à faire à
Paris en cette saison. Pour se délasser et pour
s'instruire il se mit à voyager en France. Chambord
et les châteaux de la Loire, Bordeaux, Bayonne,
Biarritz, d'où il poussa jusqu'à Saint-Sébastien,
Pau, Lourdes, Cauterets, Bagnères, Luchon, Tou-
louse, virent passer ce voyageur, enchanté de se
laisser vivre et ravi du spectacle que lui offrait
notre pays, en particulier la région des Pyrénées.
Chemin faisant, il avait reçu de Roon des nouvelles
de Berlin; le roi hésitait toujours à se décider,
mais les amis de l'ambassadeur continuaient à se
faire pressants. « La poire est mûre », disait une
dépêche laconique. A Paris, il trouva une autre dé-

pêche signée d'un nom d'emprunt : « *Periculum in mora*. Dépêchez-vous. » Il ne tarda pas davantage ; dès le lendemain, 19 septembre, il partait pour Berlin.

Son ambassade en France avait duré en tout quatre mois ; tout l'intérêt de ce séjour rapide se résumait sans doute pour lui dans l'entretien de Fontainebleau, où quelques heures lui avaient permis de voir, d'homme à homme, qui était l'empereur des Français.

PRÉSIDENT DU CONSEIL ET MINISTRE DES AFFAIRES ÉTRANGÈRES

Bismarck arriva à Berlin en pleine crise politique. Roon avait déposé, au mois de février 1860, son projet de réorganisation militaire ; depuis lors, les rapports se tendaient de plus en plus entre le gouvernement, qui tenait à ce projet, et la seconde Chambre, en majorité libérale, qui redoutait une extension démesurée du militarisme. Roon n'avait obtenu quelques crédits qu'en parlant d'un essai de réforme à titre temporaire ; mais cet essai ne tarda pas à prendre le caractère d'une organisation définitive. La Chambre avait voulu protester ; elle avait été dissoute au mois de mars 1862. Une nouvelle Chambre, animée du même esprit, venait de refuser, au mois de septembre, les crédits demandés pour la réforme de l'armée. Roon n'avait pas attendu ce vote pour télégraphier à son ami qu'il y avait « péril à tarder », et Bismarck était accouru.

Guillaume Ier était convaincu de son droit; mais excédé qu'il était par les difficultés qui ne faisaient qu'augmenter depuis deux ans, pensant qu'un souverain plus jeune s'en tirerait plus aisément, il avait pris le parti de laisser le trône au kronprinz, qui devait être un jour l'empereur Frédéric III. Cependant il consentit à avoir encore, le 22 septembre, un entretien avec Bismarck, qui venait d'arriver.

« Je ne veux pas gouverner, lui dit-il, si je ne suis pas en état de le faire comme je peux en répondre devant Dieu, devant ma conscience et devant mes sujets. Or, je ne le puis pas, si je dois gouverner d'après la volonté de la majorité actuelle du Landtag, et je ne trouve plus de ministres qui soient disposés à diriger mon gouvernement sans se soumettre, eux et moi, à la majorité parlementaire. Aussi me suis-je décidé à abandonner le pouvoir, et j'ai déjà préparé mon acte d'abdication motivé par les raisons que j'ai indiquées. » Il montra le document à Bismarck. Celui-ci répondit qu'il était prêt à entrer dans le ministère, qu'il était assuré de constituer avec Roon un cabinet durable. « Êtes-vous prêt, lui dit Guillaume, à soutenir, comme ministre, la réorganisation de l'armée? — Oui, sire. — Même contre la majorité du Landtag? — Même contre la majorité. — Alors c'est mon devoir de tenter avec vous la continuation de la lutte, et je n'abdique pas. » L'entretien se prolongeant, Bismarck confirma Guillaume Ier dans sa décision par cette déclaration énergique : « J'aimerais mieux périr avec le roi que d'abandonner Votre

Majesté dans la lutte contre le parlementarisme. »
Le roi jeta de côté l'acte d'abdication et il déchira
un programme tout prêt, où il avait mis quelques
concessions pour les libéraux. Le soir même, Bismarck était nommé ministre d'État et président in-
térimaire du ministère. Le futur chancelier et le
futur empereur venaient d'associer leurs destinées
par un lien que la mort seule fut capable de rompre,
vingt-six ans plus tard.

CONFLITS AVEC LA CHAMBRE DES DÉPUTÉS

L'entrée de Bismarck au ministère fut mal ac-
cueillie à la seconde Chambre du Landtag, qui le
tenait pour un pur réactionnaire. Ses premières
paroles devant une commission augmentèrent le
mécontentement, quand on l'entendit mettre sur le
pied d'égalité, pour l'établissement du budget, le
droit du roi, le droit de la Chambre des seigneurs
et le droit de la Chambre des députés. A propos
de la politique générale, il avait ajouté : « L'Allemagne ne regarde pas au libéralisme de la Prusse,
mais à la force de la Prusse; la Bavière, le Wurtemberg, Bade peuvent être favorables au libéralisme, c'est pourquoi personne ne leur attribuera
le rôle de la Prusse. Les grandes questions du
temps ne seront pas décidées par des discours et
des décisions de majorité, — ce fut la grande faute
de 1848 et 1849, — mais par le fer et le sang, *durch
Eisen und Blut.* » Le fer et le sang, le fer et le feu,
en latin ou en allemand : on reconnaît la formule
brutale, qui lui était familière.

Bismarck pensa que ces paroles, du 30 septembre 1862, avaient pu être exploitées contre lui auprès de Guillaume Ier; il ne se trompait pas. Étant allé le rejoindre au cours d'un voyage, où il monta avec lui dans un compartiment ordinaire de première classe, il le trouva « visiblement déprimé »; le roi était encore sous l'impression de ses entretiens avec la reine Augusta. Bismarck voulut expliquer ses paroles, mais Guillaume l'interrompit : « Je prévois parfaitement comment tout cela finira. Là-bas, place de l'Opéra, sous mes fenêtres, on vous coupera la tête à vous, et un peu plus tard à moi. » Bismarck répondit simplement : « Et après, sire? — Eh bien, après, nous serons morts. — Oui, reprit Bismarck avec force, après, nous serons morts, mais il nous faut bien mourir tôt ou tard, et pouvons-nous périr d'une manière plus digne? Moi-même je mourrai luttant pour la cause de mon roi, et Votre Majesté en scellant de son sang ses droits royaux à elle conférés par Dieu; que ce soit sur l'échafaud ou sur le champ de bataille, cela ne changera rien à ce fait honorable que nous aurons risqué glorieusement notre vie et notre personne pour défendre les droits octroyés par la grâce de Dieu. Votre Majesté ne doit pas penser à Louis XVI; il a vécu et il est mort en montrant de la faiblesse, et ce n'est pas une belle figure dans l'histoire. Mais Charles Ier ne restera-t-il pas toujours une auguste figure historique, lorsque, après avoir tiré l'épée pour son droit et perdu la bataille, il resta inflexible, scellant de son sang l'idée qu'il avait de ses droits royaux? Votre Majesté est dans la nécessité de lutter. Vous ne pouvez pas capituler, vous devez vous opposer à la violence qui vous est faite, dût votre personne être en danger. »

En entendant son ministre, plus jeune que lui de dix-huit ans, lui parler de ce verbe d'autorité et d'énergie, le roi de soixante-cinq ans s'était transformé; il était redevenu l'officier prussien, prêt à combattre jusqu'à la mort pour la monarchie et pour la patrie. La conversation se prolongea encore sur le même ton dans ce compartiment de chemin de fer mal éclairé. En arrivant à la gare de Berlin, Guillaume était « dans une disposition d'esprit sereine, on peut dire gaie et belliqueuse ». Le ministre avait reconquis son roi pour toujours.

Quelques jours plus tard, Bismarck était battu à la seconde Chambre, à propos du vote du budget, par une très forte majorité: 251 voix contre 56. Sa réponse fut de se faire nommer président du Conseil à titre définitif et ministre des Affaires étrangères. Il reconstitua son ministère, en ne gardant auprès de lui qu'un personnage éminent, Roon, qui réunit à ce moment les deux portefeuilles de la Guerre et de la Marine; les autres ministres restaient au second plan.

Bismarck s'installa alors à l'hôtel du ministère des Affaires étrangères, 76 Wilhelmstrasse, à peu près à l'angle de la Wilhelmplatz; c'est dans cet hôtel qu'allait se faire l'histoire de l'Allemagne contemporaine et même une partie de l'histoire de l'Europe. Bismarck disait un jour à son confident Maurice Busch qu'il avait toujours payé à guichets ouverts. « Payer à guichets ouverts, cela veut dire

que j'ai toujours mis tout mon cœur dans mon travail. J'ai dépensé tout ce que j'avais de force et de
santé dans chacune des choses que j'ai accom-
plies. » Tout de suite, il donna l'exemple d'une
application sans répit; il prolongeait chaque jour
son travail jusqu'à une heure assez avancée de la
nuit; il se levait tard, il est vrai, dans la matinée.
« Ma vie est comme celle de Leporello : point de
repos, ni la nuit, ni le jour, et rien qui me fasse
plaisir... Je ressemble assez exactement à un cheval de manège, qui marche, qui marche toujours
sans avancer d'un pas. »

Le président du Conseil avait le sentiment très
net que la partie était dure à jouer, très dure : à
l'intérieur, avoir raison de l'obstination de la seconde
Chambre ou trouver le moyen de gouverner en se
passant de son concours; au dehors, se mettre en
mesure pour le conflit avec l'Autriche, qui était,
pour lui, comme une impossibilité de ne pas être.

Jadis il avait pu croire que l'Autriche et la
Prusse pouvaient se prêter mutuellement appui,
il l'avait même dit à la tribune quand il était député; mais cela avait été un « rêve de jeunesse, né
du contre-coup des guerres de l'indépendance et
des impressions reçues au collège ». Ce qu'il avait
vu et deviné à Francfort lui avait vite enlevé ses
illusions; la situation allemande était dominée par
un « nœud gordien » ; c'étaient ses propres expressions. Il fallait donc forger une épée qui, au
jour de la bataille, pût assurer la victoire. Roon
avait entrepris de réorganiser l'armée pour des raisons d'ordre technique; Bismarck estimait que les

raisons d'ordre politique n'avaient pas à cet égard un caractère moins impérieux. Par conséquent, l'armée devait être renforcée coûte que coûte, car elle était l'instrument dont on pouvait avoir besoin à brève échéance.

« LA FORCE PRIME LE DROIT »

Dès le 27 janvier 1863, Bismarck exposa ses idées à la tribune de la seconde Chambre, avec une sorte de loyauté brutale ; c'était à propos de la discussion de l'adresse, les ministres y étaient accusés d'avoir violé la constitution. « Comment se font les lois? dit le président du Conseil. Par l'accord de la couronne et des deux Chambres... Toute la vie constitutionnelle n'est qu'une suite de compromis. Que l'un des pouvoirs veuille persister dans ses propres vues avec un absolutisme doctrinaire, la série des compromis se trouve interrompue ; à leur place naissent les conflits, et, comme l'existence de l'État ne peut s'arrêter, les conflits dégénèrent en question de pouvoir. Celui qui a le pouvoir dans sa main continue à avancer dans le sens qui est le sien, parce que la vie de l'État, je le répète, ne peut s'arrêter un instant... Le gouvernement a la ferme résolution, aussi longtemps qu'il possédera la confiance de Sa Majesté, de s'opposer énergiquement aux efforts que vous ferez pour étendre votre puissance législative au delà des bornes que fixe la Constitution. Les droits que celle-ci vous accorde vous resteront sans restriction aucune. Mais ce que vous prétendez au

delà, nous vous le refusons, et nous maintiendrons
avec constance les droits de la couronne en face
de telles prétentions. »

Séance tenante, un député, le comte de Schwerin, s'éleva contre la théorie de Bismarck; il la ré-
suma en ces termes : « M. le ministre-président
vient de dire : « La force prime le droit; dites ce
« que vous voulez, nous avons la force et nous
« mettrons en pratique notre théorie. » Bismarck,
qui était sorti de la salle, y rentra aussitôt, dès
qu'on l'eut prévenu de cette interprétation de ses
paroles; il monta à la tribune pour « rectifier au
procès-verbal ce qui a été mal compris ». Ses explications ne détruisirent pas l'effet produit par la
formule saisissante de Schwerin; si Bismarck ne
l'avait pas prononcée, elle était en vérité le résumé
de sa pensée. Sa politique extérieure allait en être
bientôt l'éclatante confirmation. Aussi le mot est
resté, il restera dans l'histoire pour caractériser
cette politique à la prussienne, que Bismarck in-
carna pendant son ministère, comme Frédéric II
au dix-huitième siècle, comme Guillaume II de nos
jours : *Macht geht vor Recht*, la force marche
avant le droit, la force prime le droit.

Malgré l'opposition de Bismarck, l'adresse avait
été votée. Ce fut le point de départ d'une série de
conflits. Un jour que le président de la Chambre
menaçait Bismarck d'un rappel à l'ordre, celui-ci
répondit avec insolence : « Le pouvoir de M. le
président a pour limite la place que j'occupe ici.
Je ne reconnais d'autorité supérieure que celle de
Sa Majesté le Roi, et j'ignore quelle disposition de

la loi ou de la constitution me soumettrait à la discipline de M. le président. »

La dissension se mit jusque dans la famille royale.
A propos d'une ordonnance sur la presse, le kronprinz ne cacha pas, devant les autorités de Danzig,
le vif mécontentement que lui causait la politique
ministérielle. Le roi demanda à son fils une rétrac-
tation; il refusa. Il écrivit une longue lettre à Bismarck, qui contenait cette phrase : « Je considère
ceux qui poussent le roi, mon père, à de pareilles
extrémités comme étant les plus dangereux conseillers de la couronne et du pays. » Le ministre
se borna à écrire en marge : « La jeunesse est
hâtive en ses jugements », et il s'efforça d'arranger le différend entre le père et le fils; puis il fit
signer par le roi, qui partageait pleinement sa manière de voir, la dissolution de la Chambre des députés, au mois de septembre 1863.

Les élections eurent lieu en octobre; les progressistes revinrent en grande majorité, la défaite du
ministère fut éclatante. Bismarck ne fut pas autrement ému. Son roi était tout à fait acquis à ses
idées et à ses procédés : cela lui suffisait.

Quelques jours après ces élections, la fortune allait lui fournir, à lui et à Roon, l'occasion
de faire l'essai de la nouvelle organisation militaire. Le 15 novembre 1863, Frédéric VII, roi
de Danemark, mourait. Bismarck devait exploiter
cet événement et en faire sortir la guerre de Danemark.

INSURRECTION DE LA POLOGNE RUSSE

En cette année 1863, Bismarck avait fait une
mobilisation partielle de l'armée. Une insurrection
avait éclaté dans la Pologne russe. La France et
l'Angleterre avaient des sympathies profondes pour
les insurgés ; les gouvernements de Napoléon et de
Victoria firent entendre à Pétersbourg des représentations, ils essayèrent de provoquer la clémence
du tsar. Bismarck s'y prit autrement. Il commença
par garnir de régiments la province de Posen pour
empêcher l'insurrection de gagner les régions polonaises de la Prusse ; puis il envoya à Pétersbourg
le général d'Alvensleben, avec mission de proposer à Alexandre II une action commune contre les
insurgés. Les Polonais, comme il le dira un jour
avec le mépris le plus insultant, éprouvaient le
besoin de s'insurger tous les quinze ans « pour
rafraîchir leurs sentiments » ; comment pourraient-
ils reconstruire un « nouvel État imaginaire » ? La
convention Alvensleben fut signée le 8 février 1863 :
les troupes des deux pays avaient le droit de passer
la frontière et les deux gouvernements se livraient
mutuellement les rebelles. L'insurrection n'allait
pas tarder à être réprimée, et une terreur nouvelle
plana sur l'infortunée Pologne.

Ce qui importait à Bismarck dans ces affaires de
Pologne, c'était d'avoir gagné, par sa démarche
rapide et catégorique, les sympathies d'Alexandre II.
Si la Prusse avait à agir un jour par la force contre
le Danemark, contre l'Autriche et, qui sait ? contre

la France, le souvenir du service qu'elle avait rendu spontanément à la Russie en 1863 lui vaudrait à elle-même, de la part de cette puissance, sinon une collaboration effective, du moins une neutralité bienveillante. Bismarck n'en demandait pas davantage; la Prusse, assurée d'être tranquille sur son front oriental, pourrait porter son attention agressive au Nord, au Sud, à l'Ouest. Bismarck commença par le Nord.

GUERRE DE DANEMARK

Il ne saurait être question d'exposer ici les origines de la guerre de Danemark; l'intérêt serait médiocre, et l'on risquerait fort de s'égarer dans un labyrinthe inextricable. Sur cette question embrouillée entre toutes, il y a un mot de Palmerston : « Trois personnes seulement l'ont comprise : le prince Albert, qui est mort; un homme d'État danois, qui est devenu fou, et moi, qui l'ai oubliée. » Indiquons simplement quelques données de ce problème si confus.

Les deux duchés danois, situés au sud du Jutland, le Slesvig et le Holstein, sans parler du petit territoire du Lauenbourg, étaient, au point de vue du droit international, dans une situation très complexe. Le Holstein et le Lauenbourg, habités surtout par des Allemands, étaient à la fois des provinces intégrantes de la monarchie danoise et des États de la Confédération germanique. Le Slesvig n'avait pas ce caractère mixte, il était purement danois; mais il était habité dans sa partie

méridionale et travaillé par une population en majorité allemande, qui rêvait de l'unir au Holstein.
Le gouvernement danois se heurtait, de ce fait, à
maintes difficultés dans l'administration des duchés. L'Europe s'était déjà mêlée de la question
des duchés de l'Elbe, comme on disait d'une manière abusive du moins pour le Slesvig; le traité
de Londres de 1852 avait proclamé l'intégrité de la
monarchie danoise et reconnu à l'avance le prince.
Christian de Glucksbourg comme successeur légitime du roi régnant Frédéric VII; la Prusse et
l'Autriche étaient parmi les puissances signataires
de ce traité. Les choses se passèrent en 1863 suivant le traité de Londres : Frédéric VII étant mort
le 15 novembre, Christian de Glucksbourg devint
roi de Danemark sous le nom de Christian IX.

Aussitôt un compétiteur, qui avait des liens de
parenté avec le roi défunt, Frédéric d'Augustenborg, prit le titre de duc de Slesvig-Holstein; il
réclama l'autonomie des duchés et il essaya de s'en
faire reconnaître comme souverain. Tout un parti
à la cour de Berlin était disposé à reconnaître les
prétentions du prince d'Augustenborg, et à con-
traindre le roi de Danemark à renoncer aux duchés.
Roon disait avec un cynisme digne de son ami et
de toute l'histoire de la Prusse : « La question est
surtout une question de force, non une question de
droit. » Pour Bismarck, il est curieux de voir avec
quelle prudence il démasqua ses batteries. Son
idée était bien arrêtée, comme le furent toutes les
idées de cet homme, qui ne fut jamais un impro-
visateur, mais toujours un prévoyant, un réaliste

et un obstiné persévérant : il ne s'agissait pas de
former avec les duchés un nouvel État, mais bien
de les incorporer à la Prusse. Cela demandait du
temps et de l'habileté. « Je fais la politique étrangère, disait-il, comme jadis la chasse à la bécasse :
je n'avance un pied que si j'ai trouvé une butte où
me poser solidement et sûrement. ».

Si la Prusse intervenait dans la question des
duchés, elle ne pouvait le faire que d'un commun
accord avec la Diète fédérale, et par suite avec
l'Autriche, qui avait la présidence de la Confédération. Dès le mois de novembre, Bismarck faisait
faire des ouvertures à Vienne en vue de l'éventualité d'une action commune. Le gouvernement de
François-Joseph ne fit point d'objection ; il venait
dès lors de se laisser prendre dans l'engrenage,
sans se douter qu'il ne retirerait aucun profit de la
mauvaise action à laquelle il s'associait et qu'il en
serait pour sa courte honte. Bismarck disait plus
tard qu'il n'y avait qu'un titre qu'il aurait volontiers accepté : « C'est celui de duc de Schleswig-
Holstein, parce que c'est la campagne diplomatique
dont je suis le plus fier. »

Bismarck s'était décidé à saisir le conseil d'État
du projet d'annexion des duchés ; il avait fait tout
un cours d'histoire pour rappeler que, depuis le
Grand Électeur Frédéric-Guillaume, les Hohenzollern n'avaient cessé d'arrondir leurs territoires à
droite et à gauche ; pourquoi Guillaume Ier ne sui-
vrait-il pas l'exemple de ses illustres prédécesseurs ?
« Lorsque je dis cela, ils se mirent tous à me regarder et avaient l'air de dire que j'avais dû boire une

bouteille de trop le matin. » Quand on lui présenta
à signer le procès-verbal de la séance, il remarqua
que le secrétaire avait supprimé les passages où il
s'était précisément exprimé avec le plus de vigueur,
soi-disant pour lui être agréable par cette omis-
sion. « Eh bien, pas du tout, leur dit-il. Je sais
bien que vous croyez que j'ai bu un coup de trop,
mais ça m'est égal. J'entends que tout ce que j'ai
dit soit rigoureusement reproduit. »

Pour la Chambre des députés, elle persistait dans
son opposition intransigeante. En vain, Bismarck
lui avait rappelé le mot du roi-sergent : « J'établis
la souveraineté comme un rocher de bronze. » En
vain, il avait ajouté : « Ce rocher de bronze est
encore debout; il forme la base de l'histoire prussienne, de la gloire prussienne, de la Prusse devenue grande puissance et de la royauté constitutionnelle. Ce rocher de bronze, vous ne parviendrez
pas à l'ébranler. » La Chambre n'en avait pas moins
refusé les crédits militaires. Bismarck les fit rétablir par la Chambre des seigneurs et approuver par
le roi; il restait en harmonie avec son principe, que
la vie de l'État ne peut pas s'arrêter un instant.

La Diète fédérale voulait imposer à Christian IX
diverses conditions pour l'administration des duchés; le roi de Danemark s'y refusa. Son refus
devint le prétexte de la guerre. La France et l'Angleterre, qui avaient signé le traité de Londres,
laissèrent s'accomplir cette exécution militaire;
c'était une grande faute, elle devait s'expier cruellement à brève échéance. L'école de Salerne avait
un précepte, qui n'est pas salutaire seulement à la

santé du corps : *Principiis obsta*, « Oppose-toi au commencement des choses ». Le silence des puissances occidentales dans la guerre de 1864 était en soi une complicité morale. D'autre part, si la politique bismarckienne avait été tenue en échec dans la question du Holstein et du Slesvig, elle n'aurait pas pu inventer, six ans plus tard, la question d'Alsace ; par suite, les maux de l'heure présente auraient pu être évités. Ne les regrettons pas trop cependant, malgré tout le sang, toutes les larmes, toutes les ruines qu'ils nous coûtent ; car ils auront pour effet de mettre un terme au régime de violence dont l'Europe a trop longtemps souffert. La guerre de 1914 est née des œuvres de Bismarck, mais la guerre de 1914 détruira les œuvres de Bismarck.

La guerre de Danemark allait révéler les qualités militaires du chef du grand état-major prussien, le général de Moltke, qui avait quitté sa patrie, le Danemark, quand il était lieutenant, pour prendre du service en Prusse. Le triumvirat Bismarck, Roon, Moltke, qui a tant fait pour la grandeur brutale de la Prusse et pour notre malheur, se trouvait dès lors constitué. Notons en passant que Moltke, qui avait quinze ans de plus que Bismarck, dirigea le grand état-major pendant trente et une années continues, de 1857 à 1888 ; on comprend qu'il ait pu, dans ces conditions, créer et imposer une doctrine. Bismarck, ministre des Affaires étrangères pendant vingt-huit ans, Roon, ministre de la Guerre pendant quatorze ans, Moltke, chef du grand état-major pendant trente et un ans : rappelons de nouveau ces chiffres aux parlementaires qui se passionnent à renverser les cabinets et les hommes.

Le petit Danemark opposa aux forces combinées de la Prusse et de l'Autriche une résistance héroïque; mais, dès le mois d'avril (1864), la perte de Düppel avait décidé de son sort, car elle avait ouvert aux envahisseurs l'accès du Jutland. Une conférence des puissances, qui se tint alors à Londres, ne pouvait rien changer aux résultats acquis par la force. Le prince héritier de Prusse conseillait en vain la modération à Bismarck, au nom de l'intérêt bien entendu. « J'ai cru comprendre, lui écrivait-il, que, dans la guerre que nous faisons en ce moment contre le Danemark, vous aviez quelque vue secrète, quelque arrière-pensée d'agrandissement prussien. Laissez-moi vous donner brièvement mon opinion, à savoir que de tels projets faussent toute notre politique allemande, et nous préparent des complications avec l'Europe. Ce ne serait pas la première fois que la Prusse chercherait à mettre dedans les autres puissances et qu'elle n'aboutirait qu'à rester entre deux selles. »

Cependant Bismarck faisait comprendre au prince d'Augustenborg, dont la candidature avait provoqué la guerre, qu'il avait contre lui l'hostilité de la Russie, qu'il aurait à payer les frais de la guerre, etc. Effrayé devant ces menaces, le piètre candidat abandonna la partie; il avait eu dans cette affaire un rôle ridicule; il s'aperçut un peu tard que la Prusse s'était complètement jouée de lui. En quelques phrases très sèches, Bismarck

l'avait congédié. « Je l'appelai d'abord « Altesse »,
dit-il ; puis, comme il refusait de nous céder le
port de Kiel, je ne l'appelai plus que « Sérénis-
sime », en lui déclarant que nous saurions bien
étouffer le poulet, que nous avions couvé. »

Le Danemark avait achevé de perdre le Jutland ;
à leur tour, les îles commençaient à être envahies.
Pour prévenir de plus grands malheurs, Christian IX signa un armistice le 15 juillet. Bismarck,
qui s'était rendu à Vienne pour les négociations,
était l'objet de la curiosité générale ; on le regardait, dit-il, « comme un crocodile destiné au jardin
zoologique ». Le traité de Vienne, du 30 octobre
1864, consomma pour Christian IX la perte des
duchés de Slesvig, Holstein et Lauenbourg ; il
s'engageait, en outre, à ne pas intervenir dans le
règlement que l'empereur d'Autriche et le roi de
Prusse prendraient entre eux à l'égard de ces
duchés.

Ainsi fut consommée, devant l'Europe indifférente, une grande iniquité, qui devait en enfanter
un jour de plus grandes encore. Que faire à présent des dépouilles arrachées au Danemark ? « Nous
sommes devant la question des duchés, disait
Bismarck, comme deux convives devant un plat
alléchant. » L'Autriche n'avait rien à gagner, au
point de vue territorial, à des annexions perdues
au nord de l'Allemagne ; aussi le gouvernement de
François-Joseph était tout disposé à s'en désinté-
resser, moyennant bien entendu une compensation.
Pour les ministres de l'empereur, la compensation
était toute trouvée : c'était le comté de Glatz, que

Frédéric II avait jadis volé avec la Silésie et qui
s'enfonçait comme un coin dans la frontière de
Bohême. Mais il leur fallut renoncer à porter la
question sur ce terrain; Guillaume Ier n'entendait
pas céder quoi que ce fût des territoires acquis
par ses prédécesseurs. L'Autriche ne put parvenir
à sortir de l'engrenage où elle s'était laissée
engager; loin de là : elle allait s'enferrer davantage dans la question des duchés et préparer ainsi,
par ses imprudences inconscientes, la guerre avec
la Prusse, que Bismarck appelait lui-même de tous
ses vœux.

CONVENTION DE GASTEIN

C'était chez Bismarck, on le sait, une vieille idée,
qui remontait à son séjour à Francfort; une guerre
entre la Prusse et l'Autriche était à ses yeux une
nécessité inévitable. Il y avait plus d'un siècle, à
l'époque de Marie-Thérèse et de Frédéric II, le
duel des Habsbourg et des Hohenzollern avait
commencé. Depuis lors, la Prusse avait singulièrement grandi en territoire et en influence; il fallait à présent qu'elle effaçât les derniers souvenirs
d'Olmütz et qu'elle réglât, une fois pour toutes,
avec sa rivale la question de supériorité. Bismarck
saisissait le conseil des ministres, au mois de mai
1865, de l'éventualité d'une guerre prusso-autrichienne, qui se produirait tôt ou tard. Moltke, qui
avait été admis à ce conseil, avait abondé dans le
sens de Bismarck et promis la victoire; mais le
prince royal avait montré les dangers qui pou-

vaient résulter de cette guerre : l'Allemagne divisée
en deux camps, l'étranger intervenant dans ses
querelles intestines. Bref, le conseil avait été levé,
sans que le roi eût pris une décision. Du moins la
question était posée, et Bismarck estimait que la
guerre n'était « qu'une question de temps ». Au
ministère de la Guerre, en particulier aux services de l'artillerie, il demandait : « Sommes-nous
prêts? » La guerre pouvait commencer peut-être
dans une quinzaine de jours.

Toutefois, malgré ces prédictions sinistres, une
détente se produisit. François-Joseph avait écrit
directement à Guillaume Ier pour faire appel à son
esprit de conciliation. Le roi de Prusse, qui était
fidèle aux souvenirs de la Sainte-Alliance, qui
n'avait pas l'ardeur belliqueuse du président du
Conseil, avait bien accueilli ces ouvertures : il
donna l'ordre à Bismarck de s'entendre avec
l'Autriche.

Une convention fut donc signée à Gastein, le
14 août 1865, entre les deux larrons pour le par-
tage des dépouilles du Danemark. Le Lauenbourg
était adjugé à la Prusse en toute propriété; Kiel
devenait un port de la Confédération germanique;
les deux duchés étaient placés sous le régime du
condominium, le Holstein devant être administré
par l'Autriche et le Slesvig par la Prusse. Il n'y
avait plus à présent qu'à laisser les choses évoluer
d'elles-mêmes : l'issue fatale de cette association
bizarre ne pouvait être que la guerre. Quelle allait
être, en effet, la situation du gouverneur autrichien du Holstein, isolé de l'Autriche et enfermé

au Nord et au Sud entre les mâchoires des tenailles prussiennes?

COMTE DE BISMARCK

Guillaume Ier donna à Bismarck, le 15 septembre (1865), un témoignage officiel de sa satisfaction en lui conférant la dignité héréditaire de comte. « Pendant les trois années où je vous ai confié la direction du gouvernement, disait la lettre du roi, la Prusse a pris une position digne de son histoire, et qui lui promet dans la suite des destinées heureuses et glorieuses. J'ai eu souvent l'occasion de rendre justice à votre grand mérite. Pour vous donner une preuve publique de ma reconnaissance, je vous élève, vous et vos descendants, au rang de comte, distinction qui prouvera au moins combien j'ai su apprécier les services rendus à la patrie. »

VOYAGE A BIARRITZ

Le gouvernement français avait eu, pendant la guerre de Danemark, une attitude assez effacée. Notre ministre des Affaires étrangères, Drouyn de Lhuys, aurait été disposé à faire faire quelques représentations à Berlin; les rapports très perspicaces que lui envoyait l'ambassadeur Benedetti ne laissaient pas de doute sur les ambitions de la Prusse pour le moment et pour l'avenir. Mais Napoléon III, hésitant et incertain suivant son habitude, s'était borné à exprimer le désir que les populations des duchés fussent elles-mêmes con .

sultées sur leur situation future. Bismarck, sans donner son adhésion formelle à l'idée d'un plé biscite, avait paru assez disposé à cette consultation. On sait ce qu'il en était advenu; la conven tion du 14 août avait partagé les populations comme des bouchers partagent du bétail. Il y eut alors aux Tuileries et au quai d'Orsay un vif mou vement de mauvaise humeur. Une circulaire de Drouyn de Lhuys à nos agents diplomatiques exprimait le regret qu'on n'eût pas consulté « le vœu des populations... Nous regrettons de ne trouver dans la convention de Gastein d'autre fondement que la force, d'autre justification que la convenance réciproque des deux copartageants... La violence et la conquête pervertissent la notion du droit et la conscience des peuples. » L'*Indépendance belge* avait publié cette circulaire; la protestation qu'elle contenait ne pouvait rien changer aux événements, mais elle n'en causa pas moins à Berlin une impression désagréable; car le brigand n'aime pas d'ordinaire qu'on lui rappelle son brigandage.

Bismarck songeait toujours à la guerre contre l'Autriche; c'était chez lui une idée fixe. Pour que cette guerre réussît avec toutes les conséquences qu'il entrevoyait, il ne fallait pas que la France, par une intervention quelconque, vînt déranger ses plans. Une diversion militaire de la France du côté du Rhin paraissait peu probable, car le gouvernement français à cette époque s'engageait de plus en plus dans l'aventure mexicaine; cependant, action militaire ou action diplomatique, un danger était toujours possible sur le front occidental de la Prusse. Ce que Bismarck avait de mieux à faire dans la circonstance, c'était de s'assurer par lui-même des dispositions de Napoléon III; une enquête personnelle et quelques heures de conversation intime lui en apprendraient plus que tous les rapports des agents officiels. Il résolut d'aller rendre visite à l'empereur, qui se trouvait alors en villégiature à Biarritz. Sa femme et sa fille l'accompagnèrent dans ce voyage, comme pour lui enlever tout caractère d'apparat.

En passant à Paris, Bismarck eut un entretien avec Drouyn de Lhuys et un autre avec Rouher, les deux personnages les plus en vue à cette époque de la politique française; puis il arriva à Biarritz au début du mois d'octobre (1865). Mérimée, qui partageait alors la villégiature de la cour au bord de l'Océan, n'a point oublié de parler de ces visiteurs : il avait remarqué les pieds de la comtesse, « les plus grands d'outre-Rhin »; pour le comte, c'était « un grand Allemand, très poli, très spirituel, mais pas du tout naïf ni sentimental ». La naïveté ne fut jamais, en effet, le péché mignon du chancelier de fer.

Tout en se promenant au bord de la mer, le long de l'admirable paysage qui va de la Grande Plage au rocher de la Vierge, ou sur les falaises qui dominent la côte des Basques, Napoléon III et Bismarck eurent, seul à seul, plusieurs entretiens; celui-ci en fit à peu près tous les frais, car l'empereur se borna presque à écouter et à donner de temps en temps quelques marques d'approbation.

Il fut question des rapports de la Prusse et de la
France, que Napoléon voulait lui-même conserver
aussi bons que possible. Il fut question de la Vénétie, qui manquait encore au royaume de Victor-
Emmanuel pour que toute l'Italie fût « libre des
Alpes à l'Adriatique », suivant la parole impériale
de 1859; Bismarck abonda dans le sens des idées
napoléoniennes, et il n'y en avait pas de plus chère
au neveu de Napoléon Ier, à l'ancien *carbonaro*,
que l'unité de l'Italie. Il fut question des deux
duchés danois, que la Prusse obtiendrait sans
doute de se faire céder en entier par l'Autriche. Il
fut question des modifications territoriales qui
pourraient se produire un jour ou l'autre au sein
de la Confédération germanique, en vue de donner
plus de cohésion aux terres des Hohenzollern. « La
Prusse, disait Bismarck, avait une configuration
absurde; elle manquait de ventre du côté de la
Hesse et du Nassau; elle avait l'épaule démise du
côté du Hanovre. » Il fut question des avantages
que la France pourrait trouver dans ce remaniement territorial; Bismarck était lui-même « comme
le brochet qui met les poissons en mouvement »;
qui sait si des pays de langue française, sur la
frontière de la Belgique ou sur la frontière de la
Suisse, ne finiraient pas par tomber dans la nasse
de Napoléon III?

Ajoutons ici un détail inédit encore et qui certes
a son intérêt. Au retour de Biarritz, Bismarck fit
savoir au roi de Belgique Léopold II que l'empereur Napoléon III, en parlant des agrandissements
possibles de la France, avait demandé lui-même

non seulement le Luxembourg hollandais, mais aussi une partie du Luxembourg belge. Léopold en fut blessé au fond du cœur. Toutes les protestations et toutes les preuves possibles ne purent jamais lui enlever la conviction qu'à Biarritz c'était Napoléon qui avait suggéré le fameux arrangement qui, dans le vrai, était l'œuvre de Bismarck. Avant la dépêche d'Ems, le fait est significatif pour la duplicité de l'homme.

Entre l'empereur et le ministre prussien, rien n'avait été convenu de précis, il n'y avait rien eu d'écrit, rien de signé; tout s'était passé en conversations et à envisager bien des possibilités. Napoléon avait laissé parler son hôte, sans être aussi complètement dupe de ses paroles qu'il avait pu le paraître; il pensait, en effet, que la guerre austro-prussienne durerait assez pour lui permettre d'intervenir et de jouer le rôle d'arbitre. Quant à Bismarck, il emportait cette certitude que, si la France agissait jamais, elle n'agirait pas tout de suite; cela lui suffisait. Le voyage de Biarritz n'avait pas été inutile; Bismarck en revint avec cette conviction, que la passivité du gouvernement français pouvait lui permettre de tout entreprendre et de tout oser. Pour le succès, il comptait sur l'outil militaire, que ses amis Roon et Moltke ne cessaient de perfectionner.

Quand il repassa à Paris, avant de rentrer à Berlin, Bismarck eut encore une audience de Napoléon à Saint-Cloud. Il eut aussi des entretiens avec le chevalier Nigra, ministre d'Italie en France; il lui parla d'une guerre entre la Prusse et l'Autriche comme d'une sorte de fatalité qu'on ne pourrait pas éviter ; cette guerre pourrait avoir du côté de l'Italie une heureuse répercussion. Il semblait que la grandeur de l'Italie lui fût aussi chère que la grandeur de la Prusse. « Si l'Italie n'existait pas, disait-il, il faudrait l'inventer. »

Une fois de retour à Berlin, Bismarck put considérer avec satisfaction les résultats de son voyage. Pour lui, deux faits étaient acquis : d'une part, la France garderait la neutralité ; d'autre part, rien ne s'opposerait à la conclusion d'une alliance entre la Prusse et l'Italie. La France neutre, l'Italie alliée : à ces deux conditions Bismarck pouvait garantir la victoire à son maître. Il n'y avait plus qu'à laisser les choses suivre leur cours. La guerre devait bientôt sortir de la convention de Gastein, comme le fruit sort de la graine.

III

SADOWA

Le *condominium* dans les duchés. — Alliance italo-prus-
sienne. — Projet d'un parlement national. — La Prusse
sort de la Confédération. — Guerre de 1866. — Au lende-
main de Sadowa. — Préliminaires de Nikolsbourg. —
Réconciliation avec la Chambre. — La Prusse en 1866. —
— Le premier Reichstag. — La Constitution de 1867. —
L'article 5 du traité de Prague. — L'abstention de la
France. — La question du Luxembourg. — Voyage à
Paris avec Guillaume Ier. — Le parlement douanier.

LE CONDOMINIUM DANS LES DUCHÉS

Un jour, en 1880, Bismarck racontait à son confident Maurice Busch comment la guerre de 1866
était née.

« Je voulais, dit-il, que l'Autriche ne fût pas la
seule à avoir de l'autorité en Allemagne, et qu'elle
ne mît pas sans cesse la Prusse sous le boisseau.
Je demandai en conséquence que la Prusse eût une
situation dans la Confédération qui lui permît de
parler un peu plus haut et d'être en état de re-
pousser les agressions des puissances voisines.
A Vienne, ils ne voulurent jamais entendre parler
de cela... Nous continuâmes donc à être traités
abominablement, si bien que nous fûmes obligés,
un beau jour, pour notre conservation personnelle,
de donner à l'Autriche une preuve matérielle qu'elle

se trompait en pensant que nous avions absolument besoin d'elle, et que nous pouvions nous passer de son concours. En 1866, nous prîmes la première occasion qui se présenta et nous flanquâmes l'Autriche à la porte. »

En vérité, c'était depuis longtemps chez Bismarck une idée fixe d'engager la lutte avec l'Autriche, pour donner en Allemagne la primauté aux Hohenzollern. « Lorsque je suis arrivé au pouvoir, disait-il dans une autre circonstance, je ne m'étais tracé qu'un but : l'unification de l'Allemagne sous l'hégémonie de la Prusse. » Aussi, loin d'attendre la première occasion, il la provoqua. La convention de Gastein, qui avait établi dans les duchés le régime du *condominium*, était un nid à querelles : fatalement, la guerre devait en sortir. Le délégué prussien dans le Slesvig était le général Manteuffel; le délégué autrichien dans le Holstein était le général Gablenz. Leur manière de procéder fut tout à fait différente. Manteuffel montrait une extrême raideur contre la population du Slesvig; Gablenz, au contraire, administrait le Holstein avec une véritable bienveillance, au point même de tolérer des démonstrations en faveur du duc d'Augustenborg, le candidat de 1864 que Bismarck avait évincé d'une façon cavalière. Dès le mois de janvier 1866, Bismarck adressait à Werther, l'ambassadeur de Prusse à Vienne, tout un réquisitoire contre le cabinet autrichien. « C'est un besoin absolu pour nous, disait-il, d'apporter de la clarté dans nos relations. Si l'entente des deux puissances ne peut se réaliser comme nous le désirons, nous

devrons nous assurer une entière liberté pour toute
notre politique et en faire l'usage que nous croi-
rons conforme aux intérêts de la Prusse. »

Au mois de février, la question de la guerre fut
examinée à Berlin dans un grand conseil, auquel
avaient été spécialement convoqués des personnages importants, comme Moltke et Manteuffel.
Le roi déclara que la mauvaise volonté de l'Autriche dans la question des duchés faisait un devoir
de songer à la guerre ; la Prusse n'avait pas l'intention de la provoquer, mais elle ne la redoutait pas.
Bismarck, Moltke, Manteuffel appuyèrent les paroles
de Guillaume Ier par des arguments d'ordre politique et d'ordre militaire. Le prince royal parla en
sens opposé, dans la crainte d'une intervention de
l'étranger. Bref, aucune décision ne fut prise séance
tenante ; mais, pour les assistants, l'ouverture des
hostilités n'était qu'une affaire d'opportunité.

ALLIANCE ITALO-PRUSSIENNE

Il restait à la Prusse à conclure l'alliance avec
l'Italie, au sujet de laquelle Bismarck avait rapporté de Biarritz comme un consentement tacite.
Elle pouvait l'être d'autant plus facilement que les
deux futurs alliés avaient un égal besoin l'un de
l'autre.

Depuis la conclusion inattendue de la guerre de
1859, l'Italie ne cessait de penser à la Vénétie, la
séduisante *irredenta*, qu'elle avait cru saisir après
Solférino et qui, brusquement, comme par un coup
de théâtre, lui avait été interdite. Elle n'avait plus

à compter sur le concours militaire de la France.
Quant à arracher la Vénétie à l'Autriche avec ses
seules forces, c'eût été folie d'y prétendre; de toute
nécessité, un allié lui était indispensable. Cet allié
était tout indiqué : c'était la Prusse. La Prusse ne
cachait pas, en effet, son ambition d'annexer les
duchés danois; elle ne pouvait le faire qu'au prix
d'une guerre avec l'Autriche; et il était clair que
ses chances de victoire augmenteraient singulièrement, si une partie des forces de sa future ennemie
était retenue au sud des Alpes, alors qu'elle porterait elle-même en Bohême son action offensive. Le
président du cabinet de Florence et ministre des
Affaires étrangères, le général La Marmora, était
un partisan décidé de cette alliance; elle était chez
lui en parfaite harmonie avec la grande admiration
qu'il ressentait pour le régime militaire prussien.
Dans ces conditions, le pacte fut rapidement
conclu.

Un agent italien, le général Govone, fut envoyé
à Berlin par le gouvernement de Victor-Emmanuel
pour préparer l'alliance; le but officiel de sa mission, c'était de visiter les établissements militaires
de la Prusse. Il eut avec Bismarck plusieurs entretiens, au cours desquels celui-ci démasqua en
partie ses projets. Pour donner à la guerre prochaine toute son ampleur et la faire bien accueillir
par l'opinion publique en Allemagne, Bismarck
parlait de « remettre sur le tapis la question de la
réforme de l'Allemagne, assaisonnée d'un parlement allemand »; en un mot, c'était reprendre le
programme des unitaires et des libéraux de 1848,

mais avec cette différence capitale qu'il ferait exé-
cuter ce programme par la Prusse et à son profit.
Rappelons-nous le mot qu'il avait dit à Napoléon III, quatre ans plus tôt, dans l'entretien de
Fontainebleau : « Les rois seuls en Prusse font des
révolutions. »

Des bruits de guerre commençaient à circuler
dans le public; Bismarck ne les démentait pas. Un
jour qu'il dînait à côté de la femme du ministre de
Saxe à Berlin et que celle-ci lui exprimait ses in-
quiétudes au sujet de la conquête possible de
la Saxe, il lui dit, d'un ton moitié sérieux,
moitié plaisant : « N'en doutez pas, je n'ai
jamais eu d'autre pensée, et je n'ai pas cessé
de m'y préparer depuis que je suis entré au ministère. Le moment ne tardera pas, nos canons sont
tous fondus, vous aurez bientôt l'occasion de vous
assurer si notre artillerie transformée n'est pas supérieure à l'artillerie autrichienne. » La voisine de
Bismarck, fort peu rassurée, déclara qu'elle irait se
réfugier dans son château de Bohême. « N'allez
pas en Bohême, lui dit-il d'un air entendu. Vous y
seriez exposée à de terribles aventures, car nous
battrons les Autrichiens dans les environs de votre
domaine; allez tranquillement dans votre château
de Knautheim, vous y serez à l'abri des événements. »

Le 8 avril, le traité entre la Prusse et l'Italie était
signé à Berlin : l'Italie s'engageait à attaquer l'Autriche en Vénétie si, dans un délai de trois mois,
la Prusse commençait elle-même les hostilités
contre l'Autriche.

PROJET D'UN PARLEMENT NATIONAL

Bien que le traité n'eût pas été publié, une atmosphère d'inquiétude commençait à se répandre en Allemagne; l'entrevue de Biarritz, l'échange de notes entre Berlin et Vienne, la mission de Govone à Berlin, les bruits qui filtraient sur les préparatifs militaires, justifiaient cette inquiétude. Ce fut une sorte de stupeur, quand on apprit que la Diète de Francfort venait d'être saisie, le 9 avril, par le délégué de la Prusse Savigny, de la proposition la plus inattendue : « Plaise à la Diète de décider qu'une assemblée, issue des élections directes et du suffrage universel de toute la nation, sera convoquée pour examiner les projets des gouvernements sur la réforme de la Confédération. » Jusqu'alors, Bismarck avait traité les chambres prussiennes à la cravache, et voici que tout à coup il se faisait l'instrument du parti révolutionnaire : il demandait un parlement national, un parlement issu du suffrage universel. Fallait-il croire à la sincérité de cette volte-face? Les grands États allemands, comme la Bavière, la Saxe, le Hanovre, le Wurtemberg, Bade, se souciaient peu de courir une pareille aventure; ils ne cachaient pas leurs sympathies pour le *statu quo*, c'est-à-dire pour la cause de l'Autriche. En Prusse même, la surexcitation était très grande. Un soir que Bismarck sortait du Château pour regagner la Wilhelmstrasse, le 7 mai, un étudiant tira sur lui cinq coups de revolver. Par une réaction soudaine, des manifestants se groupèrent devant le ministère et acclamèrent le ministre, qui avait courageusement fait face à son meurtrier : des cris « *Hoch* Bismarck ! » retentirent : c'étaient les premiers échos de la popularité.

Cependant Napoléon III, qui croyait à la vertu des conférences, parlait de réunir un congrès pour régler les rapports de la Prusse et de l'Italie avec l'Autriche. Ce projet contrariait les desseins de Bismarck, qui voulait une action rapide et brutale, *ferro et igne* ; c'est à ce prix seulement qu'il estimait qu'elle serait efficace. Heureusement pour lui, l'Autriche ne voulut pas entendre parler d'un congrès. Elle en avait assez d'être bernée par la Prusse, d'être provoquée par l'Italie, qui ne dissimulait pas ses préparatifs militaires : elle refusa toute intervention, le congrès n'eut pas lieu.

La situation était trop tendue pour ne pas courir le risque de se briser ; mais Bismarck, dissimulant son jeu, attendait ; il voulait, en effet, laisser à l'Autriche l'initiative et la responsabilité de la rupture ; si la Prusse était attaquée, il lui serait plus facile de mettre l'opinion de son côté. Le 1er juin, il était arrivé à ses fins. Ce jour-là, l'Autriche dénonçait le traité de Gastein ; elle déclarait, en outre, qu'elle chargeait la Diète de régler le sort des duchés. Avant de laisser à la Diète le temps d'agir, Bismarck s'empressa de saisir l'un des objets du litige. Manteuffel, qui commandait dans le Slesvig, reçut l'ordre d'occuper le Holstein ; il le fit dès le 10 juin, sans coup férir. Car Gablenz, enfermé au Nord et au Sud entre les troupes prus-

siennes, n'avait pu faire qu'une chose : pour éviter
d'être pris, il s'était retiré avec sa petite armée en
territoire hanovrien, sur la rive gauche de l'Elbe.

LA PRUSSE SORT DE LA CONFÉDÉRATION

L'Autriche croyait à la victoire, parce qu'elle savait pouvoir compter sur un fort parti à la Diète.
Son délégué exposa à la Diète que l'occupation du
Holstein par la Prusse était une violation des droits
de la Confédération; en conséquence, elle réclamait la mobilisation de l'armée fédérale contre la
Prusse. Le 14 juin, la Diète eut à voter sur cette
proposition; par neuf voix contre six, elle adopta
la proposition de l'Autriche. Le représentant de la
Prusse prit alors la parole pour déclarer que son
gouvernement n'appartenait plus à la Confédération; il la regardait comme dissoute; il rentrerait à
son heure dans le corps germanique reconstitué,
quand l'Autriche en aurait été exclue. Le 14 juin
1866, l'Allemagne du congrès de Vienne était
morte pour toujours.

On rapporte que Bismarck, en cette journée historique, consulta sa Bible et qu'il tomba sur ces
versets des *Psaumes* : « Je me réjouirai en vous et
je tressaillirai de joie; je chanterai à la gloire de
votre nom, ô Très Haut. Mon ennemi prendra la
fuite; ils tomberont par terre et ils périront dès
que vous paraîtrez. Car vous m'avez fait justice, et
vous avez pris la défense de ma cause. » Dans ces
paroles du roi David, Bismarck vit un présage de
victoire. *Gott mit uns.* Certes, il aurait pu trouver

dans la Bible des textes qui flétrissent la duplicité
et la violence. Du moins, c'est une note à ne pas
oublier, à propos de Bismarck, que les idées religieuses se sont souvent mêlées à sa conduite
d'homme d'État réaliste et positif. En 1865, il écrivait à un ami : « J'espère que, parmi les nombreux
pécheurs qui ne se glorifient pas par leur piété,
Dieu m'accordera aussi sa grâce et ne m'enlèvera
pas, au milieu des dangers et des doutes de ma
mission, l'appui de l'humble foi avec laquelle je
cherche mon chemin. » On a déjà dit qu'en 1870,
sur le point de quitter Berlin pour la campagne de
France, il avait reçu la communion.

GUERRE DE 1866

La guerre de 1866 débuta pour les alliés d'une
manière malheureuse. Le 24 juin, l'armée de
Victor-Emmanuel était battue à Custozza par l'armée de l'archiduc Albert. Cependant, cette bataille,
bien qu'elle eût été une grande défaite, n'avait pas
été sans servir indirectement la cause italo-prussienne ; elle avait retenu dans la région de l'Adige
et du Mincio quatre-vingt-dix mille hommes des
meilleures troupes de l'Autriche, qui ne purent pas
prendre part à la campagne de Bohême.

On apprit bientôt à Berlin des nouvelles plus
heureuses : l'armée hanovrienne avait capitulé, la
Saxe avait été occupée, la Bohême commençait à
être envahie. Les Berlinois accoururent alors en
foule dans la Wilhelmstrasse et ils acclamèrent
Bismarck. Il parut à une fenêtre du ministère des

Affaires étrangères. « Nous devons ces succès, dit-il, à notre roi qui a créé une armée aguerrie; lorsqu'il l'eut, son maintien lui causa beaucoup de peines et de luttes; maintenant vous voyez qu'il a eu raison. Aussi remercions Dieu, et louons le roi, créateur de cette armée. »

Bismarck avait quitté Berlin le 20 juin, avec Roon et Moltke, pour accompagner le roi en Bohême. Par de fréquentes lettres, il tenait sa femme au courant des incidents de la campagne; il lui écrivait, le 2 juillet : « Envoie-moi des romans français à lire, mais un seul à la fois. » Le 2 juillet, c'était quarante-huit heures avant la journée qui allait être décisive.

Le 4 juillet, aux côtés de son roi, du petit village de Sadowa il avait assisté à une action de guerre terrible. Il avait vu l'armée du prince Frédéric-Charles, le fameux prince rouge, s'élancer sur les hauteurs de Lipa, mais s'arrêter impuissante devant le feu écrasant de cent quatre-vingts pièces autrichiennes en batterie; il avait vu l'armée de Herwarth de Bittenfeld s'arrêter de même devant les crêtes d'Ober Prim, que gardait l'armée saxonne. Des bruits sinistres circulaient dans son entourage; il croyait lui-même qu'il avait fumé son dernier cigare, il était prêt à se joindre à une charge de cavalerie pour trouver la mort sur le champ de bataille. Cependant un peu d'espoir lui restait au cœur. Il savait que du côté du Nord, un lieutenant de Frédéric-Charles, le général Fransecky, s'était accroché au bois de Benateck, qu'il y résistait opiniâtrément contre des forces quadruples. Puis

il avait appris que l'armée du prince royal commençait à entrer en ligne du côté de l'extrême
Nord ; que, dans l'après-midi, les trois armées prussiennes avaient pu se ressouder au pied du plateau
où était l'armée de Benedek. Ainsi était réalisée la
formule de son ami Moltke : Marcher séparés,
combattre unis. Enfin il avait vu la ruée formidable des trois armées royales sur les positions
autrichiennes et saxonnes ; il avait vu ce que seules
l'initiative et l'offensive sont capables de donner,
la débâcle de l'ennemi ; et le soir de cette grande
journée, après avoir connu dans la matinée les
émotions angoissantes de Sadowa, il jouissait du
triomphe de Kœniggrætz.

Dès ce jour même, 4 juillet, l'Autriche paraissait
hors de combat. Cela suffisait à Bismarck. S'il
avait fait éclater cette guerre, ce n'était pas du
tout pour frapper l'Autriche à mort, mais bien pour
régler à sa guise la question des duchés et la forme
nouvelle qu'il voulait donner à l'Allemagne. Le
soir même de la terrible bataille, où l'Autriche
avait laissé environ quarante-cinq mille hommes, il
disait à Moltke, qui ne pouvait comprendre ce langage : « La question de victoire est tranchée ; il
s'agit maintenant de rétablir la vieille amitié avec
l'Autriche. » Il avait tout à fait oublié un mot qu'il
avait dit à Francfort, que le plus beau jour de sa
vie serait celui où il ferait son entrée à cheval dans
Vienne.

Cependant l'armée prussienne, refoulant devant
elle les arrière-gardes autrichiennes, était entrée
en Moravie et s'acheminait vers le Danube ; le

18 juillet, le grand quartier général s'établissait à
Nikolsbourg; Bismarck s'installait lui-même dans
le magnifique château du comte Mensdorff-Pouilly,
ministre des Affaires étrangères de François-Joseph.
« Mon vieux château seigneurial de Schönhausen,
dit-il avec une ironie un peu lourde, n'est rien à
côté de celui-ci; c'est pourquoi j'aime mieux me
voir chez le comte Mensdorff que de voir celui-ci
chez moi. »

AU LENDEMAIN DE SADOWA

Bismarck était résolu à arrêter la guerre. Ce
n'était pas qu'il fût inquiet des représentations
que l'ambassadeur Benedetti était venu lui faire,
quelques jours après Sadowa, de la part du gouvernement français; il était trop sûr que Napoléon III ne persévérerait pas dans ses velléités
d'intervention et qu'on en aurait raison par quelques vagues promesses. Mais il ne voulait pas aller
à Vienne; il ne voulait pas infliger une humiliation trop cruelle à une puissance déjà suffisam-
ment vaincue: la neutralité de l'Autriche, en attendant un jour peut-être l'alliance de l'Autriche,
c'était une chance précieuse pour les luttes futures,
et ces luttes, il y fallait toujours songer. Le
12 juillet, au gîte d'étapes de Czernahora, il fit décider la marche des troupes prussiennes dans la
direction de Presbourg; il y voyait le double avantage de laisser Vienne de côté, tout en la menaçant
de flanc, et de tendre la main à la nationalité
magyare, toujours prête à la révolte. Le roi avait

accepté cette idée, l'état-major s'y était résigné, avec une certaine répugnance, et le grand quartier avait été transféré à Nikolsbourg.

Dans cette ville de Moravie, le 23 juillet, un important conseil fut tenu pour examiner la suite qu'il fallait donner à la guerre. Les généraux étaient d'avis de pousser jusqu'à Vienne et d'envahir la Hongrie; une entrée militaire dans la capitale autrichienne était à leurs yeux la conclusion logique et assurée de la victoire de Sadowa. Pendant plus d'une heure, Bismarck combattit ce projet, qui avait le secret assentiment du roi. Les arguments qu'il employait étaient surtout d'ordre politique; ils étaient peu de nature à convaincre des militaires. Il vit qu'il allait être battu; alors il prit brusquement le parti de quitter la salle du conseil et de se retirer dans sa chambre à coucher, qui était la pièce voisine. Il se jeta sur son lit; il était tellement énervé qu'il fut pris d'une violente crise de larmes. Les autres entendirent cette scène muette, à travers la cloison qui était très mince; ils s'en allèrent sans avoir pris un parti. Bismarck rédigea alors ses arguments par écrit; le lendemain matin il alla porter son mémoire au roi. Voici à peu près ce qu'il lui disait :

« Nous devons éviter de blesser grièvement l'Autriche, d'y laisser, plus qu'il n'est nécessaire, une rancune durable et un besoin de revanche. Il faut, au contraire, nous réserver la possibilité de renouer avec l'adversaire actuel et de considérer en tout cas l'État autrichien comme une pièce de l'échiquier européen, et la reprise de nos bons rapports avec lui comme une manœuvre qui devra toujours être possible. Si l'Autriche est gravement atteinte, elle deviendra l'alliée de la France et de tout autre adversaire; elle sacrifiera même ses intérêts anti-russes à la revanche contre la Prusse. »

Ces arguments, d'autres du même genre, la crainte du choléra, qui commençait à exercer ses ravages dans l'armée, ne firent à peu près aucune impression sur le roi. Rentré dans sa chambre, Bismarck se demandait s'il ne ferait pas mieux de se jeter par la fenêtre du haut de son troisième étage. La porte de sa chambre s'ouvrit, une main se posa sur son épaule; c'était le prince royal. « Vous savez, lui dit-il, que j'ai été contre la guerre; vous l'avez jugée nécessaire, et vous en portez la responsabilité. Si vous êtes maintenant convaincu que le but est atteint et que la paix doit être conclue, je suis disposé à vous aider et à défendre votre opinion auprès de mon père. » Il revint au bout d'une demi-heure. « Cela a été dur, dit-il, mais mon père a consenti. » Guillaume avait donné, en effet, son consentement au mémoire de Bismarck, dans une annotation marginale, qu'il avait terminée par ces mots : « Je me vois forcé, à ma grande douleur, après de si brillantes victoires remportées par l'armée, d'avaler cette amère pilule et d'accepter une paix honteuse. »

Tout n'est peut-être pas exact dans le récit dramatique que Bismarck a fait, à plusieurs reprises, de ces scènes de Nikolsbourg; on a prouvé que ses souvenirs se heurtaient à plusieurs impossibilités. Du moins, deux choses demeurent : la volonté très nette de Bismarck de ne pas pousser les hostilités plus loin, d'éviter à l'Autriche des « souvenirs blessants », du moment où il pouvait le faire sans nuire à la politique allemande de la Prusse; d'autre part, l'intervention du prince héritier, qui avait accepté la guerre à contre-cœur, qui s'y était sans doute très bien conduit, mais qui restait, malgré Sadowa ou à cause de Sadowa, un partisan de la modération.

PRÉLIMINAIRES DE NIKOLSBOURG

Les préliminaires de la paix furent signés à Nikolsbourg deux jours plus tard, le 26 juillet, là même où Bismarck s'était mis nettement en travers de la guerre à outrance. L'Autriche cédait la Vénétie à l'Italie par l'intermédiaire de la France; en dehors de cette cession, son territoire restait intact. Elle reconnaissait la dissolution de l'ancienne Confédération germanique; elle n'était pas admise dans la reconstitution d'une nouvelle Allemagne; elle acceptait par conséquent à l'avance les modifications territoriales auxquelles sa rivale allait procéder.

Quelle différence entre les conditions de 1866 imposées à l'Autriche et les conditions de 1871 imposées à la France! Les conditions de 1871, la violence brutale qui a été faite à un million et demi de Français contre leur volonté expresse, ont eu pour effet de creuser entre la France et l'Allemagne un fossé qui ne sera comblé que le jour où la France aura recouvré son bien d'Alsace et de Lorraine. Depuis 1871, toute l'Europe, obligée à des armements ruineux, a subi les conséquences de la question d'Alsace-Lorraine; pour résoudre enfin cette question, dont la France ne parlait pas, mais à laquelle elle pensait sans cesse, il n'a pas fallu moins que le cataclysme qui, depuis le mois d'août 1914, secoue l'Europe et le monde dans leurs fondements.

En 1866, rien de semblable. Il y avait, depuis plusieurs années, comme un malentendu entre deux rivaux qui se disputaient un logis commun; l'un des deux, devenu le plus fort, intima à l'autre l'ordre de sortir. Celui-ci, heureux de s'en tirer à bon compte, s'empressa de déguerpir. La perte de la Vénétie, à laquelle il était résigné dès avant la guerre, ne l'atteignait nullement dans ses intérêts vitaux. Aussi abandonna-t-il la partie, sans rien demander. Pendant quelques années, très peu d'années, il allait se borner à bouder. Puis, quand il vit son vainqueur lui faire des avances pour une réconciliation, il oublia toute rancune et, docilement, il s'empressa d'accourir; le rôle de second lui convenait si bien qu'il associa sa fortune à la fortune des triomphateurs de Sadowa. Bismarck avait vu loin dans l'avenir, quand il avait compris qu'il était de l'intérêt même de la Prusse de ne pas frapper l'Autriche à mort; car un jour elle pourrait avoir besoin de son ancienne rivale. La grande habileté de Bismarck fut de deviner que le Hohenzollern pourrait faire du Habsbourg son vassal; aujourd'hui, après plus de trois ans et demi

de guerre, il en a fait son prisonnier. Le Faust de
Vienne a de temps à autre quelques velléités de
sauver son âme; mais le Méphistophélès de Berlin
le tient et il ne lâchera pas sa proie.

RÉCONCILIATION AVEC LA CHAMBRE

Bismarck était de retour à Berlin, avec Guil-
laume Ier, le 4 août; ce fut une rentrée triomphale,
au milieu d'acclamations enthousiastes. L'homme
qui avait voulu la guerre, qui l'avait imposée,
recueillait à présent, pour lui et pour son pays, le
mérite de sa décision et de son énergie. Bismarck
était passé grand homme: cependant, comme le
lui avait dit un officier le soir du 4 juillet, si le
prince royal était arrivé trop tard à Sadowa, le
ministre n'eût été que le plus grand des coquins.
Le succès des armes avait justifié les desseins de
l'homme d'État qui avait voulu mettre l'Autriche
à la porte.

Les mêmes idées de modération qui avaient
inspiré Bismarck à Nikolsbourg à l'égard des
vaincus de Sadowa l'inspiraient à présent à l'égard
de la seconde Chambre prussienne; il estimait que
la couronne devait, dans les circonstances actuelles,
se réconcilier avec les députés. Le discours du
trône, du 5 août, renferme, en effet, un passage
qui avait un peu le caractère d'une amende honorable.

« Dans les dernières années, disait Guillaume Ier,
le budget n'a pu être fixé d'accord avec la représentation nationale. Les dépenses publiques faites

pendant cette période manquent donc de base légale... J'ai la confiance que les derniers événements contribueront à amener une entente pour laquelle il est indispensable que le bill d'indemnité demandé à la représentation des pays, pour la gestion sans budget légal, soit accordé volontiers. » Quelques jours plus tard, Bismarck plaidait lui-même, à la tribune de la Chambre, la cause de la réconciliation. « Nous désirons la paix, dit-il, non pas que nous soyons hors de combat; au contraire, le combat nous est aujourd'hui plus favorable que dans les dernières années; pas non plus pour esquiver une mise en accusation dans l'avenir... Nous désirons la paix, parce que le pays en a besoin aujourd'hui plus qu'autrefois; parce que nous pensons la trouver en ce moment; nous l'aurions cherchée plus tôt, si nous avions pu espérer plus tôt la trouver. »

La Chambre, étonnée mais séduite par ce langage nouveau, ne repoussa pas le rameau d'olivier que le ministre lui présentait. A une forte majorité, elle vota le bill d'indemnité demandé par le gouvernement. Dans la joie de la victoire patriotique, les anciens adversaires avaient oublié leurs communs ressentiments. Les libéraux et les nationalistes se groupèrent, à partir de ce moment, autour du ministère; ils formèrent le parti national-libéral, qui allait être, pendant plusieurs années, le plus ferme soutien de la politique bismarckienne.

LA PRUSSE EN 1866

On comprend que l'opposition n'ait pas tenu
rigueur plus longtemps à un ministre qui lui faisait à présent des avances et qui venait d'arriver
en quelques semaines à de si grands résultats. En
effet, tandis que le gros des armées prussiennes
envahissait la Bohême et frappait le coup décisif
de Sadowa, d'autres armées occupaient plusieurs
des États de la Confédération qui avaient pris le
parti de l'Autriche; suivant le mot un peu empha-
tique du général Vogel de Falkenstein, qui avait
conduit cette campagne, tous les pays au nord du
Mein étaient aux pieds de Sa Majesté. Bismarck
intervint alors pour appliquer son traitement « par
le fer et par le feu »; sans aucun souci du droit
des populations, qui ne furent consultées nulle
part, il augmenta le royaume de Prusse de quatre
millions deux cent mille habitants. A l'en croire, il
avait prêché la modération à son maître. « Le roi,
dit-il, avait décidé d'enlever un morceau de territoire à chacun des princes allemands battus, comme
punition. « Je vais, me répétait-il sans cesse, exer-
« cer la justice de Dieu. » Je finis par lui répondre
un jour qu'il valait mieux laisser Dieu exercer sa
justice tout seul et qu'il ne fallait pas que nous
prissions plus de territoires que nous n'en avions
besoin. Si je l'avais écouté, nous aurions pris tout
le nord de la Bohême, toute la Silésie autrichienne
et la moitié de la Saxe. Ce que j'ai eu de mal à
l'en empêcher! »

Bismarck modéré : cet adjectif hurle d'être accouplé à ce nom. Quand il avait appris, trois ans plus tôt, que l'Angleterre avait renoncé à son protectorat sur les îles Ioniennes, il avait dit : « Un État qui cesse de prendre et qui commence à rendre, est fini comme grande puissance. » Il ne fut jamais dans la pensée de Bismarck ni d'aucun homme d'État prussien de cesser de prendre. Le royaume de Hanovre, la Hesse électorale, le duché de Nassau, la ville libre de Francfort-sur-le-Mein, les duchés du Slesvig et du Holstein : telles furent pour les vainqueurs les dépouilles opimes d'une campagne qui avait duré un mois à peine.

Le gouvernement prussien avait invoqué « la décision de la guerre et les nécessités de la réorganisation politique de la commune patrie allemande ». Le message royal du 16 août aux Chambres prussiennes exposait que tous les torts étaient du côté des quatre États allemands annexés; car « ils avaient décliné la neutralité et l'alliance qu'on leur avait offertes avec garantie de leurs territoires; et surtout ils pouvaient, par suite de leur situation géographique, au cas où leur autonomie serait maintenue, préparer à l'avenir, par une attitude hostile ou équivoque, de graves obstacles à la politique et à l'action militaire de la Prusse ». La vérité est que, après cette œuvre de rapine, la Prusse entre l'Elbe et le Rhin se présentait à présent comme un bloc beaucoup plus homogène. Bismarck avait appliqué, une fois de plus, la formule dont son maître Frédéric II s'était servi jadis aux dépens de la Pologne : « Il n'y a pas de

bonheur comparable à celui de faire un tout de ses
États. »

Le gouvernement avait demandé des dotations
pour les généraux qui avaient mené la campagne
de 1866; aux noms des généraux la commission de
la seconde Chambre ajouta le nom de Bismarck.
Dans la Chambre même, il n'y eut qu'une faible
opposition. Que les temps étaient changés! Une
récompense nationale de 400 000 thalers, environ
un million et demi de francs, fut votée pour le
ministre-président. Suivant le désir du roi, Bismarck affecta cette somme à l'achat d'un grand
domaine rural; ce fut la terre de Varzin, en Poméranie. Il allait faire de cette propriété une exploitation modèle, en attendant qu'elle devînt pour lui
le lieu de retraite de ses dernières années.

LE PREMIER REICHSTAG

Bismarck avait surpris l'opinion allemande, au
début de la guerre prusso-autrichienne, quand il
avait repris à son compte, lui le réactionnaire et le
hobereau de jadis, les principes de 1848, et quand
il avait annoncé la prochaine convocation d'un
parlement allemand issu du suffrage universel. On
aurait pu croire que cette promesse n'était qu'une
machine de circonstance, destinée à attirer à la
Prusse, pour la durée de la guerre, les sympathies
de l'Allemagne. Bismarck tint à honneur, aussitôt
la guerre finie, de faire de sa promesse une réalité.
Dès le 13 août, c'est-à-dire neuf jours à peine après
son retour à Berlin, le gouvernement déposait un

projet de loi : un Reichstag devait être élu, au suffrage universel et direct, pour les affaires de la
Confédération de l'Allemagne du Nord. Tel était le
nom que Bismarck donnait à la nouvelle Allemagne, l'Allemagne au nord du Mein, dont l'Autriche était exclue et où la Prusse, désormais,
exerçait la primauté d'une manière incontestée.

Les élections pour le Reichstag se firent au mois
de février 1867; elles donnèrent la majorité au
parti national-libéral, qui avait alors les sympathies de Bismarck. L'ouverture s'en fit en grande
pompe à Berlin, le 24 février, par un discours de
Guillaume Ier. Le 11 mars, Bismarck exposait
devant l'assemblée nouvelle les caractères de la
transformation politique qui venait de s'accomplir.
« Il n'a pu entrer dans notre pensée, disait-il, de
créer l'idéal théorique d'une constitution assurant
à jamais l'unité de l'Allemagne, et laissant pleine
liberté à tous les mouvements particularistes.
Remettons à l'avenir le soin de trouver, si elle
existe quelque part, cette pierre philosophale; la
mission du présent n'est pas de songer à réaliser,
à quelques décimètres près, cette quadrature du
cercle. »

Ces formules théoriques, peu dans la note ordinaire de Bismarck, voulaient dire que l'assemblée
qui venait d'être élue n'avait point devant elle un
ministère responsable, qu'elle n'avait pas davantage un pouvoir constituant; mais, telle quelle, elle
représentait auprès du gouvernement fédéral les
vœux du peuple allemand, et cela suffisait pour lui
permettre de faire de la besogne utile. Le ministre

avait terminé ainsi son discours : « Travaillez vite,
Messieurs. Mettons, pour ainsi dire, l'Allemagne
en selle; elle chevauchera bien d'elle-même. »

LA CONSTITUTION DE 1867

La constitution fédérale, telle que Bismarck
l'avait organisée, fut ratifiée tour à tour par les
gouvernements fédérés, par le Reichstag et par les
parlements des divers États fédérés; datée du
24 juin, elle entra en vigueur le 1er juillet 1867.

Quelle était cette Allemagne nouvelle? C'était
une confédération de vingt et un États situés au
nord du Mein; ils étaient groupés autour d'un
gouvernement fédéral. Trois organes constituaient
ce gouvernement : un président héréditaire, qui
était le roi de Prusse; un conseil fédéral, Bundesrath, composé des délégués des États, véritables
fonctionnaires qui dépendaient uniquement de
leurs gouvernements; une assemblée élue au suffrage universel, Reichstag, qui représentait les
populations allemandes. Il faut reconnaître que
c'était une habile juxtaposition des trois forces qui
avaient agi sur l'Allemagne depuis un demi-siècle.
Le régime de 1815, tel qu'il fonctionnait à la Diète
de Francfort, ne faisait entrer en ligne de compte
que les États allemands; en 1848, les populations
allemandes, après avoir fait une vigoureuse poussée,
avaient été sur le point de faire triompher l'unité;
depuis 1862, c'est-à-dire depuis que Bismarck était
président du Conseil, la Prusse avait repris à son
profit les idées unitaires, et elle les avait fait

triompher, du moins en ce sens qu'elle venait de détruire l'ancien dualisme de la présidence de Vienne et de la vice-présidence de Berlin. Mais, tout en faisant leur part à chacun de ces trois éléments, les États, les populations, la Prusse, la Constitution de 1867 donnait à la Prusse une situation nettement prépondérante.

Avec ce titre modeste de président, *Präsident*, le roi de Prusse, en effet, avait pris pour lui à peu près la plénitude de l'autorité. Tous les pouvoirs, militaires et diplomatiques, étaient entre ses mains. Il avait la qualité de chef de l'armée fédérale. Il convoquait et il dissolvait le Reichstag. Dans ses relations avec la Confédération, il était représenté par le président du Conseil des ministres de Prusse, qui, sous ce rapport spécial, prenait le titre de chancelier. La présidence du Bundesrath appartenait de droit au chancelier. Dans ce conseil des États, la Prusse était comme assurée d'avoir toujours la majorité. Sur les quarante-trois votes répartis entre les membres du Bundesrath, elle disposait à elle seule de dix-sept votes; il lui suffisait d'en réunir encore cinq pour faire passer ses propositions.

Bismarck, qui n'avait aucun faible pour les débauches oratoires, rapporte qu'il avait mis le Bundesrath au pas dès ses premières séances. « Je tins à mes collègues à peu près ce langage : « Messieurs, il n'y a pas moyen de faire quelque « chose ici avec de l'éloquence, avec des discours « qui ont la prétention de convertir l'un de nous à « une autre opinion, parce que chacun arrive avec

« sa conviction dans la poche, c'est-à-dire avec les
« instructions de son gouvernement. Ce n'est
« qu'une perte de temps; je pense donc qu'on
« devra se borner à un simple exposé des faits. »
Et il en fut ainsi; personne ne prononça plus de
discours. Il en résulta qu'on abattit beaucoup de
besogne et que le Bundesrath a rendu réellement
des services. »

En somme, en donnant à l'Allemagne le suffrage
universel et le Reichstag, Bismarck s'était arrangé
pour faire avant tout le jeu de la Prusse. Le Reichstag n'avait aucune prise sur le gouvernement
fédéral; son pouvoir n'était que négatif, il pouvait
seulement refuser les lois qui lui étaient présen-
tées. Quant au gouvernement fédéral, il était tout
entier aux mains de la Prusse; car, d'une part, le
roi de Prusse était le chef suprême de la Confédération, et d'autre part, le chancelier présidait le
conseil des États et le tenait, pour ainsi dire, à
sa discrétion. Sous des apparences allemandes,
l'œuvre de 1867, conçue par la Prusse, exécutée
par la Prusse, imposée par la Prusse, était avant
tout une œuvre prussienne.

Bismarck avait arrêté la Confédération à la ligne
du Mein. Quatre États par conséquent avaient
échappé au système fédéral, les grands-duchés de
Bade et de Hesse-Darmstadt, les royaumes de
Wurtemberg et de Bavière, en un mot les vaincus
de 1866; un autre vaincu, le royaume de Hanovre,
avait payé sa défaite d'une manière plus cruelle.
Mais l'isolement des États du Sud n'était, dans
la pensée de Bismarck, qu'une situation provisoire.

Tout de suite, ses précautions furent prises pour les empêcher d'échapper à l'action que la Prusse comptait bien, tôt ou tard, exercer sur eux. Une série de traités leur furent imposés dans les semaines qui suivirent Sadowa; ils se ramenaient à cette condition essentielle, qu'en cas de guerre les États du Sud s'engageaient à mettre toutes leurs troupes à la disposition de la Confédération du Nord Quelques mois plus tard, ils furent incorporés à nouveau dans l'union économique du Zollverein.

En réalité, au point de vue militaire et au point de vue douanier, les quatre États du Sud étaient de simples prolongements de la Confédération du Nord. La fameuse ligne du Mein, devant laquelle Bismarck avait feint d'arrêter les visées de l'Allemagne nouvelle, n'existait que sur le papier. En France, les politiques qui ne voulaient point voir se félicitaient que l'Allemagne de 1815 fût à présent divisée en trois tronçons : la Confédération du Nord, les États du Sud, l'Autriche. La vérité était tout autre : l'exclusion de l'Autriche avait eu pour effet de fortifier la nouvelle Confédération; dans cette Confédération il y avait un État dont la prépondérance territoriale et politique était désormais indiscutée; car il avait attaché à sa fortune le reste de l'Allemagne, même la partie du Sud qui, en apparence, vivait en dehors du régime nouveau.

L'ARTICLE 5 DU TRAITÉ DE PRAGUE

Au cours des événements qui venaient de changer en quelques mois la face de l'Europe centrale,

le gouvernement français avait à peu près joué un
rôle de dupe. Le royaume d'Italie avait été
augmenté de la Vénétie; de cela, Napoléon III
pouvait se féliciter comme d'une victoire personnelle, car sa pensée de 1859 venait d'être complètement accomplie. Sa diplomatie avait obtenu ou
croyait avoir obtenu un autre avantage. Lors du
traité de Prague, du 23 août 1866, qui avait rétabli
la paix entre l'Autriche et la Prusse, l'influence
de la France avait réussi à faire rédiger ainsi l'article qui concernait les duchés danois :

« Article 5. — S. M. l'empereur d'Autriche trans-
fère à S. M. le roi de Prusse tous ses droits acquis
dans la paix de Vienne, du 30 octobre 1864, sur les
duchés de Holstein et de Schleswig, avec la ré-
serve que les populations des districts septentrio-
naux du Schleswig, si elles expriment, par un
suffrage libre, le désir d'appartenir au Danemark,
devront être cédées à cet État. »

Ah! le bon billet qu'avait le Slesvig septentrio-
nal, où les éléments danois et protestataires étaient
nettement en majorité; ah! le bon billet. Et comme
le gouvernement de Napoléon III avait le droit de
se féliciter de cette promesse solennelle sur les
droits des populations! Jamais et sous aucune
forme, Bismarck ne procéda à une consultation des
Slesvicois, et le fameux article 5 du traité de
Prague resta lettre morte. Pour Bismarck et pour
Guillaume Ier, une seule chose comptait : la « décision de la guerre », c'est-à-dire le droit du plus
fort.

Où l'impudeur de l'Allemagne dépasse vrai-

ment les bornes, c'est quand on voit M. de Kühl-
mann, le ministre actuel de Guillaume II, parler,
devant la grande commission du Reichstag, le
25 janvier 1918, du droit des nationalités et mettre
ce droit sous le patronage de Bismarck, en rappe-
lant le texte de l'article 5 du traité de Prague.
Voilà plus de cinquante ans que les populations
danoises du Slesvig demeurent sous le joug du
militarisme prussien; voilà plus de cinquante ans
que les Hohenzollern ont manqué et manquent à
une parole solennellement jurée, et l'on vient nous
dire que Bismarck avait reconnu aux populations
le droit de décider de leur sort. On ne ment pas
avec un pareil cynisme.

L'ABSTENTION DE LA FRANCE

Bien après les événements de 1866, Bismarck
disait un jour au baron de Courcel, ambassadeur
de la République française à Berlin : « Il eût suffi
de quinze mille soldats français sur la rive droite
du Rhin pour rallier les troupes des princes allemands opposés à la Prusse et couper de sa base
l'armée prussienne engagée au fond de la Bohême,
en donnant à l'armée victorieuse de l'archiduc
Albert le temps d'arriver à la rescousse. »

Quinze mille hommes auraient-ils produit tant
d'effet? L'archiduc Albert, même après sa victoire
de Custozza, aurait-il eu toute liberté pour trans-
porter autre part son armée d'Italie? Bismarck
n'éprouvait-il pas une sorte de plaisir rétrospectif
à mettre en relief les fautes de la France à une

époque où la Prusse avait su faire son jeu d'une manière si habile? Il est certain qu'il est des circonstances où l'abstention peut être la pire des erreurs. *Inertia, Sapientia*, c'était un mot qui, paraît-il, circulait alors à la cour des Tuileries; hélas! le parti pris de ne rien faire, l'inertie systématique n'ont jamais eu rien de commun avec la sagesse. Trois ans plus tôt, en 1863, à propos de l'abstention de la France dans le drame de l'insurrection polonaise, le prince Napoléon s'exprimait ainsi à la tribune du Sénat : « On a dit : pour un grand pays, parler sans agir, c'est mauvais. Nous sommes d'accord. Mais il y aurait quelque chose de pire : c'est, quand on n'agit pas, de ne pas parler non plus. » Ces paroles demeuraient tristement vraies.

Le ministre des Affaires étrangères, Drouyn de Lhuys, avait essayé, de sa propre initiative, d'agir sur le théâtre même de la guerre; il avait chargé l'ambassadeur Benedetti de rejoindre Bismarck après Sadowa. Benedetti avait réussi à arriver jusqu'à lui, dans la nuit du 11 au 12 juillet, à Zwittau, en Moravie; Bismarck était assez fâché que la maladresse de la police militaire sur les derrières de l'armée eût laissé arriver jusqu'à lui un pareil visiteur. Cependant il le reçut, et une conversation politique s'engagea entre les deux hommes, de deux heures à cinq heures du matin. Quand on alla se reposer, aux premières lueurs de l'aurore, Benedetti partagea la chambre du conseiller de légation Abeken, tandis que son secrétaire Lefèvre de Béhaine dut partager le lit du secrétaire Keudell. Benedetti avait vainement essayé de discuter avec le vainqueur. De son côté, Bismarck avait chargé l'ambassadeur de Prusse à Paris, M. de Goltz, de faire connaître personnellement à Napoléon III l'ensemble des conditions qu'il était résolu à imposer à l'Autriche, et qui le furent en effet. Napoléon avait tout écouté, tout accepté, il n'avait fait aucune objection. « Maintenant, dit Drouyn de Lhuys, il ne nous reste plus qu'à pleurer. »

On était revenu cependant à Paris à l'idée d'une compensation territoriale. Puisque la Prusse s'agrandissait d'une manière démesurée, pourquoi la France n'obtiendrait-elle pas, pour maintenir l'équilibre, le Palatinat bavarois qui prolongerait sur la rive gauche du Rhin le territoire de l'Alsace, jusques et y compris Mayence? Bismarck a raconté à sa manière, à la tribune du Reichstag, le 2 mai 1871, que Benedetti était venu le trouver le 6 août et qu'il lui avait posé l'ultimatum : « Mayence ou la guerre? — Soit, avait-il répondu, nous choisissons la guerre. » Les choses ne se passèrent pas de cette manière dramatique; mais il est certain que Bismarck était bien décidé à ne pas céder un pouce du territoire allemand et qu'il le fit comprendre, tout en enveloppant son refus dans des protestations d'amitié. « J'ai le ferme espoir, disait-il avec une singulière audace, que la France et la Prusse formeront désormais le dualisme de l'intelligence et du progrès. » Devant ces échecs répétés, Drouyn de Lhuys donna sa démission de ministre des Affaires étrangères (août 1866); il fut remplacé par le marquis de Moustier, ancien ambassadeur à Vienne et à Constantinople.

LA QUESTION DU LUXEMBOURG

Alors, on vit apparaître une nouvelle question, dont il avait déjà été parlé à mots couverts, la question du Luxembourg. Le grand-duché de Luxembourg faisait partie de la Confédération germanique, sa capitale avait une garnison prussienne; d'autre part, il était la propriété personnelle du roi des Pays-Bas, Guillaume III. Comme ce souverain n'avait pour la Prusse que des sympathies médiocres, la France avait chance de s'entendre avec lui; son consentement semblait la meilleure garantie du succès final. Lorsque Benedetti entretint Bismarck de la possibilité de cette annexion, celui-ci reconnut que le roi de Hollande avait le droit de disposer du Luxembourg comme il l'entendait, il en était le souverain. « Faites en sorte, ajouta-t-il, que la cession du Luxembourg soit un fait accompli avant la réunion du Reichstag, et je me chargerai de faire avaler la pilule à l'Allemagne. » Alors que la Prusse avait mis brutalement la main sur 4 200 000 habitants, elle pouvait bien, en effet, laisser la France annexer 199 000 habitants, en vertu d'une cession régulière et d'un plébiscite. Car Napoléon avait déclaré qu'il ne procéderait à l'annexion qu'avec le consentement des Luxembourgeois, comme il l'avait fait pour Nice et pour la Savoie.

Avec quelle rouerie Bismarck nous laissa nous engager à fond dans cette affaire, obtenir le consentement du grand-duc, croire que nous avions cause gagnée! Puis, quand tout paraissait convenu, le voici qui démasqua brusquement ses batteries, et qui déclara qu'il y avait maldonne. Le 31 mars (1867), l'ambassadeur prussien, M. de Goltz, vint tout à coup déclarer à M. de Moustier que l'affaire du Luxembourg prenait la plus mauvaise tournure, elle se heurtait à l'opposition du parti militaire en Prusse; aussi priait-il le gouvernement français de ne pas passer outre. La surprise de M. de Moustier fut extrême : la question en ce moment était comme résolue, le ministère français avait toujours marché dans cette affaire avec M. de Bismarck, on ne pouvait pas nous avoir attirés dans un piège. Le même jour, à Berlin, Bismarck faisait à Benedetti la même déclaration que Goltz au quai d'Orsay; il disait qu'il était débordé par l'agitation qui avait éclaté dans la presse et dans le parlement, nous avions été trop vite, on avait donné à cette affaire une publicité inopportune.

Le lendemain, 1er avril 1867, une fête solennelle se célébrait à Paris pour l'ouverture de l'Exposition universelle; Napoléon III y prononçait un discours pour louer l'union des peuples et les arts de la paix : thème classique des discours d'exposition. Le matin même, il avait reçu du Mexique des dépêches qui ne laissaient plus de doute sur la fin tragique qui attendait l'empereur Maximilien; le soir, il recevait de Berlin la nouvelle d'une interpellation au Reichstag, qui avait retenti comme un cri de guerre.

Un membre du parti national-libéral, Bennigsen avait adressé au ministre-président une interpella-

tion sur la question du Luxembourg. En quelques
mots très violents, il avait déclaré que, si les bruits
sur la cession du Luxembourg étaient fondés, le
patriotisme germanique ne permettrait pas qu'on
arrachât à l'Allemagne une province frontière pour
la livrer aux convoitises de la France. A cette interpellation, qui comblait ses vœux et qui fut saluée
par des applaudissements enthousiastes, Bismarck
fit une réponse modérée et évasive; fort habilement,
il y mêla les « relations amicales que l'Allemagne
entretient avec ses voisines », et les « droits incon-
testables des populations et des États de l'Allemagne ». Il sentait bien qu'il avait partie gagnée.
Si Napoléon relevait le gant, la France, qui n'était
pas prête, était perdue; s'il ne le relevait pas, elle
était comme disqualifiée.

La guerre était le seul moyen de répondre à tant
de duplicité; mais la France se trouvait alors dans
l'impossibilité de courir un risque pareil. Pour
sauver la face, le gouvernement français déclara
qu'il ne demandait qu'une chose, le retrait de la
garnison prussienne de Luxembourg. Bismarck ne
fit point d'opposition; il lui suffisait d'avoir empêché la France de s'accroître de la moindre parcelle.
Une conférence internationale s'ouvrit à Londres
le 7 mai; le 11 mai, un traité de neutralisation du
Luxembourg était signé. La Prusse, en effet, éva-
cua la forteresse.

VOYAGE A PARIS AVEC GUILLAUME Ier

Alors tout fut à la cordialité dans les rapports entre Paris et Berlin. Le roi de Prusse, qui avait été invité auparavant à visiter l'Exposition, arriva à Paris le 5 juin avec le chancelier. Quand la voiture de Bismarck passa boulevard de Strasbourg, quelques coups de sifflet se firent entendre. « Je ne suis pas surpris de cet accueil, dit Bismarck à l'amiral Jurien de La Gravière, en prenant un air dégagé. Nous autres, hommes politiques, nous ne saurions plaire à tout le monde ; il faut en prendre notre parti. » Bismarck fut de toutes les réjouissances que la cour offrait à ses invités ; il s'y montra compagnon très aimable, jusqu'à faire plusieurs tours de valse. Le maréchal Vaillant lui dit avec une rondeur toute militaire : « Savez-vous, comte, que vous faites à Paris une impression superbe ? Tout le monde dit : Vraiment, c'est un bon bougre. » Mais il ajoutait aussi : « Tout cela est bel et bon, mais vous êtes devenus trop grands en face de nous. Il faut qu'un jour nous croisions l'épée. » Et Bismarck, de répliquer en souriant : « Eh bien, croisons. »

Le 14 juin, Guillaume quittait Paris avec Bismarck et Moltke ; celui-ci avait employé son temps à faire autour de Paris des promenades qui étaient en réalité des reconnaissances d'état-major. En se quittant, le roi de Prusse et l'empereur des Français avaient échangé les plus chaleureuses protestations ; ils s'étaient promis de se revoir. Ils se revirent, en effet, trois ans plus tard, sur le champ de bataille de Sedan.

LE PARLEMENT DOUANIER

De retour en Prusse, Bismarck alla se reposer, pendant quelque temps, dans sa terre de Varzin; il s'était pris pour ce domaine d'une véritable passion, qui était bien en harmonie avec ses goûts invétérés de gentilhomme campagnard. Il y avait du vrai dans cette boutade de sa femme : « Un navet l'intéresse plus que toute la politique. »

Le chancelier se rendait parfaitement compte que, depuis l'affaire du Luxembourg, la guerre avec la France était devenue comme inévitable; la question de rivalité et de supériorité était posée désormais entre les deux États; car, si la France avait fait sortir la Prusse de Luxembourg, la Prusse avait empêché la France d'y entrer. Tôt ou tard, ce germe de guerre porterait ses fruits. Pour Bismarck, il n'avait qu'à attendre le moment où l'instrument militaire, auquel ses amis Roon et Moltke travaillaient sans relâche, serait bien au point. Alors il serait facile de provoquer un incident, qui conduirait d'une manière certaine à la rupture. « Mon patriotisme n'a pas besoin d'être stimulé, disait-il à Bennigsen; mais les ménagements que m'impose la politique extérieure ne me permettent pas de répondre aux impatiences de vos amis, qui voudraient me voir chausser des bottes de sept lieues. »

Cependant Bismarck avait grand soin de maintenir les quatre États du Sud dans la dépendance de la Confédération. Il imagina de les faire figurer

dans un parlement douanier qui se réunit à Berlin,
en 1868. Leurs députés prirent place à côté des
députés de la Confédération; il ne devait être question, et il ne fut question, en effet, que des affaires
douanières; mais l'unité économique était là pour
préparer l'unité politique. Quand le parlement
douanier eut fini sa session, la ville de Berlin offrit
un banquet à ses membres; Bismarck y adressa
un discours aux députés du Sud : « Après le travail
que vous venez de faire en commun pour les intérêts de l'Allemagne, vous emporterez chez vous,
je l'espère, cette conviction que, dans toutes les
situations de la vie, vous retrouverez ici des cœurs
et des mains de frères; et chaque nouvelle réunion,
j'en suis persuadé, rendra le rapprochement plus
intime et plus solide. Entretenons de notre mieux
cette vie de famille. C'est pénétré de ce sentiment
que j'adresse à mes frères allemands un cordial :
« Au revoir! »

Une guerre avait commencé en 1866 la constitution d'une Allemagne nouvelle, en groupant
autour de la Prusse la plupart des États germaniques. Depuis, la diplomatie de Bismarck avait
su paralyser l'action de la France et la réduire,
dans la question du Luxembourg, à un rôle presque
ridicule. Pendant ce temps, Roon et Moltke avaient
continué leur travail d'organisation militaire. Un
député du Landtag trouvait, au mois de mai 1869,
que l'armée coûtait beaucoup d'argent. « Économi-
ser là-déssus, répondait Bismarck, peut devenir
très cher. De même qu'un toit protège contre le
mauvais temps, de même qu'une digue protège

contre l'inondation, de même notre armée protège notre production dans toute son étendue. » Le temps était venu à présent de faire entrer dans la grande famille allemande les Badois, les Hessois, les Wurtembergeois, les Bavarois.

Pour atteindre ce but, une nouvelle guerre était nécessaire; elle ferait tomber les dernières résistances et elle achèverait la formation de la patrie germanique. Les rapports de notre attaché militaire à Berlin signalaient, en 1869, cette guerre comme étant à la merci du moindre incident. Le colonel Stoffel avait percé à jour les desseins de l'homme qui devait écrire dans ses *Pensées et Souvenirs* : « J'étais convaincu que l'abîme qu'avaient creusé au cours de l'histoire, entre le sud et le nord de la patrie, la divergence des sentiments de race et de dynastie et la différence du genre de vie, ne pouvait pas être plus heureusement comblé que par une guerre nationale contre le peuple voisin, qui était notre séculaire agresseur. »

Agresseur séculaire : la France serait en droit de retourner ce qualificatif à l'Allemagne d'Arioviste, de la grande invasion, d'Otton IV, de Charles-Quint, de Bismarck et de Guillaume II. Mais, sous la plume du chancelier, c'est une formule de style; il en avait besoin pour attiser la haine contre nous. Cette haine de la France, il voulait en faire le ciment de l'Allemagne agrandie et prussianisée.

En 1870 Bismarck estima que le moment était venu d'attaquer la France, comme il avait attaqué le Danemark en 1864, comme il avait attaqué l'Autriche en 1866. Il le fit avec un mélange de duplicité et de cynisme, qui a valu à cette partie de son œuvre politique, plus qu'à toute autre, un caractère foncièrement brutal et odieux.

IV

LA GUERRE DE 1870

Une conversation en 1862. — La candidature Hohenzollern.
— Guillaume Ier à Ems. — La dépêche d'Ems. — La
question de Strasbourg et de Metz. — A Sedan. — A
Ferrières. — A Versailles. — La question de la mer
Noire. — Bombardement de Paris. — Armistice du 28 janvier. — Préliminaires du 26 février. — Protestation des
députés d'Alsace-Lorraine. — Retour à Berlin. — Traité
de Francfort.

UNE CONVERSATION EN 1862

A Londres, dans les salons de l'ambassade de
Russie, un soir du mois de juin 1862. L'ambassadeur
d'Alexandre II en Angleterre, le baron Brunnow,
donnait un dîner en l'honneur de son collègue Bismarck, alors ambassadeur de Prusse à Paris, qui
avait quitté pour quelques jours son hôtel de la rue
de Lille et qui était venu à Londres pour faire connaissance avec les principaux hommes politiques
de la Grande-Bretagne. Parmi les hôtes du baron
Brunnow il y avait Gladstone, qui était alors chancelier de l'Échiquier dans le ministère Palmerston,
et Disraeli, qui était le *leader* de l'opposition.
Après le dîner la conversation fut générale; mais
Bismarck fit un aparté avec Disraeli et causa avec
lui environ une demi-heure. Plus tard dans la
soirée, Disraeli vint trouver un des convives de

l'ambassadeur, Pierre Sabouroff, qui était à ce moment secrétaire à l'ambassade russe à Londres et qui devait être un jour ambassadeur de Russie à Constantinople. C'est à Sabouroff que l'on doit de connaître les paroles de Disraeli : « Quel homme extraordinaire que Bismarck! lui dit le futur comte de Beaconsfield. Il me rencontre ce soir pour la première fois et il me dit tout ce qu'il fera. Il attaquera le Danemark pour s'emparer du Slesvig-Holstein; il chassera l'Autriche de la Confédération germanique, et alors il attaquera la France. Quel homme extraordinaire! »

Cette conversation a sa date précise, 1862, à une époque où Bismarck ne faisait pas encore partie du cabinet prussien. Deux ans plus tard, en 1864, première application : c'est la guerre contre le Danemark. Quatre ans plus tard, en 1866, deuxième application : c'est la guerre contre l'Autriche. Huit ans plus tard, en 1870, troisième application : c'est la guerre contre la France. La conduite politique de Bismarck n'eut jamais le caractère de l'improvisation; elle fut toujours le résultat de plans longuement étudiés, mûrement réfléchis. Il voulut toujours, et de longue haleine, tout ce qu'il fit; il eut toujours les intentions de ses actes.

LA CANDIDATURE HOHENZOLLERN

Au mois de septembre 1868, un *pronunciamiento* renversa du trône la reine d'Espagne Isabelle II. L'un des auteurs de cette révolution militaire, le général Prim, s'aperçut bien vite qu'il est souvent

plus facile de détruire que de reconstruire. Il se
mit en quête d'un roi pour ses compatriotes, qui,
malgré tout, gardaient leurs préférences pour le
régime monarchique. Plusieurs noms furent mis
en avant; l'un de ces noms était celui du prince
Léopold de Hohenzollern-Sigmaringen. Rien ne
semblait désigner ce principicule allemand, âgé
alors d'environ trente-cinq ans, à faire le bonheur
des Espagnols; il avait de commun avec eux la religion catholique, et c'était tout. Mais il portait un
nom qui, depuis peu d'années, retentissait avec
fracas en Europe, il était le cousin du vainqueur de
Sadowa; son frère cadet, Charles, était devenu
prince de Roumanie en 1867.

Il est difficile de dire l'origine précise de cette
candidature Hohenzollern. Est-elle venue d'Allemagne, par l'un des mille canaux de la diplomatie
secrète que Bismarck alimentait un peu partout?
Est-elle née en Espagne, chez des hommes politiques qui désiraient faire leur cour à Berlin? Deux
choses sont certaines : au début de 1869, Bismarck
envoyait à Madrid un diplomate de carrière, Théo-
dore de Bernhardi, qui avait toute sa confiance,
avec une mission sur laquelle le secret fut soigneu-
sement gardé; d'autre part, le 26 avril 1869, la
Gazette d'Augsbourg publiait un article sur la candidature du prince Léopold, qui était, à n'en pas
douter, inspiré par la Wilhelmstrasse. Le marquis
de La Valette, qui était alors notre ministre des Affaires étrangères, chargea l'ambassadeur Benedetti
de demander des explications au chancelier; celui-
ci avait probablement adopté déjà par devers lui

l'attitude qu'il affecte dans ses *Pensées et Souvenirs*, à savoir qu'il considérait la question « comme une question espagnole et non comme une question allemande », ou encore, qu'il était « assez indifférent à toute la question ». Il répondit à Benedetti (11 mai 1869) qu'il y avait bien des raisons pour que le prince Léopold déclinât « une souveraineté éphémère ». En rapportant cette conversation à Paris, Benedetti ajoutait, poliment : « J'incline à croire que M. de Bismarck ne m'a pas exprimé sa pensée tout entière. » Cependant le moins empressé peut-être dans cette candidature dynastique, c'était le candidat lui-même à qui Bismarck prêtait son patronage d'une manière occulte. Après toute une série de négociations dans la coulisse et de tergiversations qui occupèrent des semaines et des mois, le prince Léopold prit le parti, au mois d'avril 1870, de renoncer tout à fait à la candidature au trône d'Espagne.

Mais Bismarck avait ses raisons de tenir à la candidature Hohenzollern. La guerre contre la France était chez lui une idée fixe. N'avait-il pas écrit, au mois d'avril 1848, qu'il aurait compris la révolution allemande « si le premier essor de l'unité et de la force allemande avait été d'arracher l'Alsace à la France et de planter sur la cathédrale de Strasbourg le drapeau allemand »? Depuis lors, à la haine innée de la France était venue s'ajouter cette conviction, que l'œuvre commencée en 1864, continuée en 1866, n'aurait son couronnement que le jour où la France à son tour aurait été vaincue. « Je ne doutais pas, dit-il, qu'il ne fallût faire une guerre franco-allemande avant que l'organisation générale de l'Allemagne eût pu être réalisée. » L'intervention de Napoléon III au lendemain de Sadowa, pour modeste et impuissante qu'elle avait été, avait eu le don de provoquer chez lui un vif accès de mauvaise humeur. « Louis le paiera cher, » avait-il dit. Le moment lui parut venu de régler une bonne fois les comptes avec la France et d'achever l'édifice de l'Allemagne. La candidature Hohenzollern, si on savait bien en jouer, devait être un brandon de discorde d'un effet assuré.

Au mois d'avril (1870), le prince Léopold avait fait savoir sa renonciation définitive; au mois de juin, il déclarait qu'il était prêt à accepter la couronne d'Espagne. Que s'était-il passé dans l'intervalle? Bismarck avait fait tenir un mémoire au prince et à son père pour leur conseiller « instamment » de maintenir la candidature « dans l'intérêt de l'Allemagne ». Le prince avait consenti. Aussitôt Lothar Bucher, un ancien transfuge du parti républicain de 1848, qui était depuis quelques années un des plus hauts fonctionnaires des Affaires étrangères et l'un des meilleurs collaborateurs de Bismarck, partit pour l'Espagne; il y avait déjà été une première fois pour cette même affaire, dont il connaissait à merveille tous les dessous. En même temps, un député espagnol, Salazar y Mazarredo, qui avait été l'un des promoteurs de la candidature Hohenzollern dès 1869, se rendait à Sigmaringen, la résidence du prince Léopold; il voulait vaincre les dernières hésitations du prince, s'il s'en produisait encore.

Ces allées et venues n'avaient laissé transpirer
jusqu'ici qu'une partie de la vérité. Le 3 juillet,
elle éclata tout entière. Une dépêche de l'agence
Havas, reproduite par les journaux, faisait connaître que le prince Léopold de Hohenzollern acceptait, d'une manière officielle, d'être roi d'Espagne. Aussitôt, en France, les imaginations se
montent : après l'affaire du Luxembourg, l'affaire
d'Espagne est un nouveau défi au gouvernement
français.

Le ministère Émile Ollivier avait inauguré, depuis le 2 janvier, le régime dit de l'empire libéral :
le portefeuille des Affaires étrangères appartenait
alors au duc de Gramont, qui avait remplacé le
15 mai le comte Daru. Tout de suite, le 3 juillet
même, Gramont télégraphia à M. Le Sourd, qui
gérait l'ambassade de France à Berlin en l'absence
provisoire de Benedetti, de demander des explications à la Wilhelmstrasse. Bismarck n'était pas à
Berlin. Le directeur qui reçut M. Le Sourd à sa
place, lui dit que le gouvernement prussien ignorait tout de cette affaire : elle concernait l'Espagne,
il fallait s'adresser au général Prim. Quarante-
huit heures plus tard, le 6 juillet, Gramont faisait,
à la tribune du Corps législatif, une déclaration
belliqueuse ; il se disait prêt à remplir son « devoir
sans hésitation et sans faiblesse ». Le 7, il télégra-
phiait à Benedetti, qui était à Wildbad, de se
rendre à Ems, où Guillaume Ier faisait sa cure an-
nuelle, et d'obtenir de lui, comme chef de la famille, le désaveu de la candidature Hohenzollern.

GUILLAUME Ier A EMS

Quand il a écrit, beaucoup plus tard, ses *Pensées et Souvenirs*, Bismarck a insisté sur les dispositions conciliantes que son maître avait montrées dans ces circonstances. Il en donne deux raisons : le roi avait soixante-treize ans ; il ne voyait pas sans inquiétude une guerre nouvelle, où il pourrait compromettre les lauriers de 1866 ; d'autre part, il subissait l'influence de la reine, qui, avec « son manque de sentiment national », l'avait conjuré, les larmes aux yeux, d'éviter la guerre, en souvenir d'Iéna et de Tilsit. Cela mérite-t-il d'être entièrement cru? Bismarck n'a-t-il pas vu deux avantages à cette manière de présenter les choses? L'avantage de dire du mal, une fois de plus, d'une femme dont il n'a cessé d'affirmer la fâcheuse influence, et l'avantage de garder pour lui-même, génie du mal, tout le mérite de la rupture, en rejetant dans l'ombre le rôle de Guillaume Ier.

Il ne faut pas, croyons-nous, réduire à si peu, ici et autre part, le rôle du roi de Prusse. Tout ce que Bismarck a fait dans cette affaire n'a jamais été fait à l'insu de son maître ; et quand Bismarck a pris sur lui d'arranger à sa manière diabolique la dépêche d'Ems, le roi n'a présenté au ministre aucune objection, il ne lui a adressé aucun reproche. Le moins qu'on puisse affirmer de Guillaume Ier, c'est que sa complicité morale se retrouve partout au fond de ces trames machiavéliques. Henri Bergson l'a dit récemment avec

autant de finesse que de profondeur : « Son état
d'âme devait être celui du mari complaisant qui
ne demande qu'à laisser le ménage tirer bénéfice
d'une certaine situation, mais qui serait pris d'un
scrupule presque sincère s'il ne pouvait plus être
censé ne rien savoir. »

Revenons à la démarche que Benedetti avait
ordre de faire auprès du roi. Il fut reçu à Ems le
9 juillet. Aux observations de Benedetti le roi répondit que l'affaire dépendait non de lui, mais de
son cousin; il faisait inviter celui-ci à se désister
de nouveau. Le 12 juillet, une dépêche arrivait de
Sigmaringen : le prince Léopold se conformait à
ses désirs et se désistait d'une manière définitive.
Le roi communiquait l'heureuse nouvelle à Benedetti et il écrivait à la reine Augusta : « C'est une
pierre qui m'est enlevée de la poitrine. » Napoléon III ne cachait pas non plus sa satisfaction ; il
disait : « L'île, qui a subitement apparu dans la
mer, est de nouveau recouverte par les eaux; il
n'y a plus de motif pour faire la guerre. » Hélas! il
y avait encore à compter avec la folle témérité de
Gramont et avec la perfidie sans scrupules de Bismarck. La Bruyère l'a dit : « Il n'y a au monde que
deux manières de s'élever, ou par notre propre industrie, ou par l'imbécillité des autres. » Bismarck
eut à ce moment dans son jeu ces deux sortes
d'atouts.

Non content, en effet, de la renonciation définitive du prince Léopold, Gramont prit sur lui
de télégraphier à Benedetti, dans la soirée du
12 juillet, de nouvelles instructions. « Pour que

cette renonciation, y disait-il, produise tout son effet, il paraît nécessaire que le roi de Prusse s'y associe et nous donne l'assurance qu'il n'autorisera pas de nouveau cette candidature. » Benedetti reçut ce télégramme dans la nuit ; quelques heures plus tard, dans la matinée du 15 juillet, il abordait Guillaume dans une allée du parc d'Ems. Avec précaution, il lui exposa la mission difficile dont il était chargé. Le roi fut surpris. « Je vous assure, dit-il, que je n'ai aucun dessein caché. Cette affaire m'a causé de trop grands ennuis pour que je sois tenté de la laisser renaître. Mais vraiment il m'est impossible d'aller aussi loin que vous le souhaitez. » Dans la journée, le roi chargea son aide de camp, le prince de Radziwill, de communiquer à Benedetti la lettre officielle de désistement, qu'il venait de recevoir de Sigmaringen, et de lui dire qu'il regardait l'affaire comme terminée. L'ambassadeur insista pour avoir une nouvelle audience. Le roi lui fit répondre par Radziwill qu'il refusait de s'engager dans une nouvelle discussion ; « ce qu'il a dit le matin est le dernier mot dans cette affaire, le comte (Benedetti) peut s'en tenir absolument à ces paroles. » Radziwill ajouta que son maître, qui partait le lendemain, autorisait Benedetti à venir prendre congé de lui à son départ.

Tels sont les faits qui se passèrent à Ems, dans cette journée historique du 15 juillet. Les rapports entre le roi et l'ambassadeur avaient été marqués par une correction parfaite ; il n'y avait pas eu d'insulteur et Benedetti ne se plaignit jamais d'une insulte.

Dans le courant de l'après-midi, le conseiller de légation Abeken, qui accompagnait le roi, fut chargé d'envoyer à Bismarck, à Berlin, une dépêche qui relatait tous les incidents depuis la matinée.

LA DÉPÊCHE D'EMS

Le chancelier avait quitté Berlin pour son domaine de Poméranie au début du mois de juin. A Varzin, il était comme dans la coulisse; il pouvait suivre et inspirer les événements sans être vu et sans se découvrir. Il apprit la déclaration belliqueuse de Gramont du 6 juillet; aussitôt il chargea son fidèle Maurice Busch, le *Pressreferent*, de faire passer dans les journaux des articles contre les menaces et les provocations du cabinet français. En même temps il envoyait à Guillaume Ier dépêches sur dépêches, pour prévenir de sa part toute concession. L'affaire se présentait à merveille, suivant ses désirs les plus ardents; il ne fallait pas qu'elle avortât à la dernière minute. Le 12 juillet, Birmarck quittait Varzin pour reprendre contact avec ses amis Roon et Moltke. « En passant, dit-il, par Wussow, mon ami, le vieux pasteur Mulert, était devant la porte du presbytère et me salua amicalement. Du fond de ma voiture découverte je répondis d'un geste qui esquissait un coup de tierce et quarte, et il comprit que je croyais partir pour la guerre. »

Arrivé à Berlin dans la soirée du 12, le chancelier apprit que la candidature Hohenzollern était définitivement retirée. Sous le coup de la déception et de la colère, il envoya au roi sa double démission de président du Conseil et de chancelier. Guillaume lui répondit en l'appelant à Ems; mais lui tenait à rester à Berlin. « Si je vais à Ems, pensait-il, tout s'en ira à vau-l'eau. Dans le cas le plus favorable, nous arriverons à faire un compromis pourri, et alors la seule solution possible, la seule solution honorable, la seule grande solution nous échappera. »

Le 13 juillet, des dépêches s'échangent entre Ems et la Wilhelmstrasse. « Heureusement, dit-il, les Français, myopes et arrogants, firent à ce moment-là tout ce qu'ils purent pour embourber à nouveau le char. » Il fut mis au courant d'une demande du cabinet Émile Ollivier, qui s'ajoutait à la démarche de Benedetti : le roi était invité à adresser à Napoléon III une lettre personnelle, pour dire que son intention n'avait jamais été de « heurter les intérêts ni la dignité de la nation française ». Bismarck télégraphia : « Il est impossible de signer. »

Le soir, Bismarck recevait à sa table ses amis Roon et Moltke; ils s'entretinrent tous les trois de ce qui s'était passé à Ems la veille et dans la matinée. Le chancelier parlait toujours de son intention de se retirer. Pendant le dîner, on lui remit le texte du télégramme qu'Abeken lui avait expédié d'Ems, dans l'après-midi, de la part du roi; c'était une longue dépêche, de deux cent trente mots, où les incidents de la journée relatifs aux démarches de Benedetti étaient rapportés sur le ton de la correction diplomatique. « Je la lus à haute voix, et la physionomie de Moltke changea brusquement; son corps se voûta; il eut l'air vieux, cassé et infirme. Il ressortait clairement du télégramme que Sa Majesté cédait aux prétentions de la France.... Mes hôtes furent si atterrés qu'ils en oublièrent de boire et de manger. » Lui-même pensait à ce qu'allait devenir la Prusse devant le corps germanique. La « politique résolue et vaillante » de la Prusse avait pour règles de conduite — il faut le citer encore — « la raison et la loyauté »; de là « l'auréole » qui l'entourait. « Cette auréole était perdue irrévocablement, ou du moins pour un long temps si, dans une question d'honneur national, l'idée se répandait dans le peuple que l'insulte de la France : « La Prusse cane », était réellement fondée. »

La fin de la dépêche d'Abeken laissait au chancelier le soin de décider si les événements d'Ems devaient être communiqués à la presse. Bismarck comprend tout de suite l'effet qu'on pourra obtenir : il s'agit de rédiger une nouvelle dépêche, où l'on ne mettra en évidence qu'un fait, le refus du roi de recevoir de nouveau l'ambassadeur français, de manière à donner à ce fait le caractère d'une insulte adressée à la France. Ce sera la guerre à coup sûr; mais la victoire est-elle certaine? Bismarck se tourne vers ses deux amis : « Sommes-nous prêts? — Nous sommes prêts, » répondent Moltke et Roon. Bismarck n'attendait que cette affirmation catégorique. Il s'assit à une petite table voisine, relut la dépêche d'Abeken, ratura plusieurs passages, « condensa » les deux cent trente mots

en une centaine, qui mettaient en évidence, sans
le faire suivre d'aucun commentaire explicatif, ce
passage outrageant : « Sa Majesté a refusé de recevoir encore l'ambassadeur et lui a fait dire par
l'aide de camp qu'Elle n'avait plus rien à lui communiquer. » Il tend alors le nouveau télégramme,
ainsi « condensé », à Moltke et à Roon, et il leur
demande : « Et, comme cela, comment ça va-t-il?
— Ah! comme cela, s'écrièrent-ils, ça va dans la
perfection. » Moltke parut redresser sa taille et
rajeunir à vue d'œil; il avait enfin sa guerre, la
guerre qu'il avait préparée au point de vue militaire avec la même ténacité que Bismarck au point
de vue politique. Le chef du grand état-major ne
se tenait pas de joie. « Voilà, dit-il, qui sonne tout
autrement maintenant; auparavant, on eût cru entendre battre la chamade; à présent, c'est comme
une fanfare en réponse à une provocation. » Il y
avait eu chez les deux convives une transformation
à vue d'œil. « Ils avaient retrouvé tout à coup,
rapporte Bismarck, l'envie de manger et de boire,
et causaient d'un ton joyeux. Roon disait : « Le
« Dieu des anciens jours (c'est le bon vieux Dieu,
« cher à Guillaume II) vit encore et il ne nous
« laissera pas succomber honteusement. » Moltke
sortit de sa passivité froide, oublia sa circonspec-
tion ordinaire de langage jusqu'à dire, en regar-
dant gaiement le plafond et en se frappant la poitrine de la main : « S'il m'est donné de vivre assez
« pour conduire nos armées dans une pareille
« guerre, que le diable emporte aussitôt après cette
« vieille carcasse. »

Le soir même, le texte de la dépêche d'Ems, c'est-à-dire le texte de la dépêche truquée par Bismarck, est communiqué à la presse et aux agences. Le 14 juillet, toute l'Europe le connaissait. A Paris et à Berlin, ce fut comme l'explosion d'une bombe. Bismarck avait bien prévu : ce fut « sur le taureau gaulois l'effet du drapeau rouge ». La foule remplit les boulevards de ses cris : « A Berlin ! à Berlin ! » Pouvait-on hésiter, quand Guillaume avait volontairement comme soufflété la France? A Berlin, même exaltation dans le sens contraire. Bismarck, Roon et Moltke, avec le prince royal, étaient allés jusqu'à Brandebourg pour rejoindre le roi qui rentrait ce jour même dans la capitale. Tandis que le wagon royal roulait vers Berlin, Bismarck exposa à son maître ce qu'il avait fait; celui-ci approuva. Il avait été question de réunir le conseil le lendemain pour la mobilisation. Mais en arrivant à Berlin, le roi et ses conseillers eurent connaissance des préparatifs militaires du ministère Émile Ollivier. Guillaume demande à Roon si l'armée tout entière pouvait être mobilisée. « Oui, Majesté, répondit sans hésiter le ministre; cela ne souffre pas de difficulté : tout est prêt. » Sur l'heure même, la mobilisation est décidée. Le prince royal communique en personne la nouvelle à la foule. Alors c'est le chant de la *Wacht am Rhein*, et les acclamations frénétiques : « Vive le roi! A bas la France! »

Les événements se précipitent. Le 15 juillet, le corps législatif, malgré l'opposition de Thiers et de quelques députés, votait le crédit de cinquante

millions, demandé par le ministère Ollivier. Le
19 juillet, Bismarck se rendait au Reichstag.
« J'informe, dit-il, la haute Assemblée qu'aujour-
d'hui le chargé d'affaires français m'a remis la
déclaration de guerre. »

Le faussaire de la dépêche d'Ems était arrivé à
ses fins; il avait la guerre qui lui était nécessaire
pour grouper autour de la Prusse tous les États
allemands, il l'avait dans les conditions où il la
voulait; car, du moment où la France prenait sur
elle de rompre la paix, la Prusse se trouvait dans
le droit de légitime défense. Voilà donc à quoi
avait abouti un mensonge savamment combiné. Il
faut ajouter toutefois que la fausse dépêche d'Ems
ne fut que l'étincelle qui enflamma une poudrière
pleine jusqu'aux bords. La guerre entre la France
et la Prusse n'eut pas le caractère d'une surprise;
Prévost-Paradol en avait déjà parlé en 1868, dans
la France nouvelle, comme d'une certitude imminente. Cela n'empêche pas qu'au début de la guerre
de 1870 il y eut la fabrication et l'usage d'un faux,
comme au début de la guerre de 1914 il y a la
théorie du chiffon de papier. *Natum mendacio
genus*, « Race née pour le mensonge » : ce témoignage d'infamie date du premier siècle de notre
ère; au xixe siècle, au xxe siècle, il est toujours
resté l'expression de la vérité.

LA QUESTION DE STRASBOURG ET DE METZ

Bismarck quitta Berlin le 31 juillet, en même
temps que le roi, à destination de la France. Il

partait tranquille : le Reichstag, avant de se séparer, avait voté les cent vingt millions de thalers
que le gouvernement lui avait demandés; les États
du Sud avaient mobilisé leurs troupes et les avait
jointes aux troupes de la Confédération ; le *Times*
avait publié, le 25 juillet, un projet d'alliance entre
la France et la Prusse, que Benedetti avait impru-
demment laissé, au mois d'août 1866, entre les
mains de Bismarck et où il était parlé d'une acqui-
sition possible de la Belgique par la France; la
France à Anvers : quelle terreur pour l'Angleterre!
Ce n'est pas l'Angleterre qui allait intervenir pour
la France, ni la Russie, ni l'Autriche, ni l'Italie.
La France allait donc rester sans alliés. Pour la
Prusse, elle n'en avait pas besoin; la supériorité
de sa préparation militaire était pour elle comme
une garantie de succès assuré.

Le chancelier suivit la guerre de 1870 un peu
comme un témoin; car le premier rôle ici revenait
aux hommes de guerre, et les états-majors, qui se
rappelaient son immixtion dans la campagne de
1866, le tinrent cette fois le plus possible à l'écart.
Dans le train qui l'emportait vers Cologne, il avait
entendu le général de Podbielski, qui s'entretenait
avec Roon, se féliciter que les précautions eussent
été prises pour l'exclure des délibérations militaires. Il en conçut, à l'égard des généraux, une
mauvaise humeur, qu'il ne prit pas la peine de
dissimuler. Pour lui, il songeait surtout à saisir
l'opinion des buts de guerre de l'Allemagne; il
chargeait Maurice Busch de répandre ses idées
dans la presse, comme celles-ci qu'il avait expri-

mées dans une conversation à Pont-à-Mousson, le
22 août : « Une indemnité pécuniaire n'affaiblira
la France que temporairement. Ce que nous de-
mandons, c'est une sécurité prolongée pour nos
frontières. Nous ne l'obtiendrons qu'en changeant
les deux forteresses qui nous menacent en remparts
qui nous protègent. Strasbourg et Metz doivent
cesser d'être des points d'attaque pour la France,
afin de devenir des places de défense pour l'Allemagne. » Le 29 août, à Clermont-en-Argonne, il
disait au correspondant d'un journal anglais :
« Nous devons prendre et garder Strasbourg et
aussi Metz, si nos armes sont victorieuses. Strasbourg sera notre Gibraltar. Vous dites que la France
nous haïra effroyablement si nous lui prenons
l'Alsace et la Lorraine, et qu'elle cherchera toujours à se venger. Je vous l'accorde, mais il est
certain que les Français sont déjà assez furieux
pour chercher à se venger de toutes les manières
possibles. Le mieux que nous puissions faire dans
l'intérêt de la paix est donc de leur enlever la puissance de mal faire.... Bien qu'il n'y ait dans l'annexion de l'Alsace et de la Lorraine aucun avantage pour nous, nous devons avant tout nous pré-
munir contre une attaque des Français. »

Les professeurs d'outre-Rhin ont inventé après
coup la doctrine des droits historiques sur nos
provinces de l'Est; ils ont enseigné dans leurs
universités et dans leurs écoles que les vraies li-
mites de la France sont celles du traité de Verdun,
du traité de 843, que ce qui se trouve en deçà fait
partie des « terres allemandes situées à l'étranger »,

deutsche Aussenländer. Quand il entendait ces théories à faire hausser les épaules, Bismarck devait penser au mot de son maître Frédéric II, au moment où celui-ci entrait en voleur dans la Silésie autrichienne : « Je prends d'abord, je trouverai toujours des pédants pour établir mes droits. » Pour lui, à cette date du moins, il était plus franc ; s'il prenait des territoires français, c'était uniquement pour des raisons militaires, comme plus tard, cyniquement, devant le Reichstag, il exposera, toujours à propos de l'Alsace-Lorraine, la théorie du « glacis ».

Dès le 14 août, c'est-à-dire quand il y avait à peine une semaine écoulée depuis la bataille de Wœrth, quand Strasbourg et Metz étaient intactes, un ordre de cabinet, daté du quartier général de Herny (département de la Moselle), complété huit jours après, à Pont-à-Mousson, par une lettre du roi de Prusse à Bismarck, constituait le gouvernement général d'Alsace-Lorraine. Un cousin du chancelier, le comte Frédéric de Bismarck-Bohlen était nommé gouverneur général. Le territoire qui lui était assigné sur la carte comprenait déjà, dès le 14 août, toute la partie de la France, à l'exception de Belfort, qui devait lui être arrachée au traité de Francfort.

A SEDAN

Le roi et le chancelier étaient entrés en France par Forbach. Après être passés par Gravelotte, Pont-à-Mousson, Commercy, ils suivaient la direction de Paris, quand Moltke changea brusquement

l'ordre de marche des armées ; il venait d'apprendre
que Mac-Mahon essayait de se porter vers le Nord-
Est, au secours de Bazaine, qui s'était enfermé
dans Metz. Bismarck écrivait à sa femme (27 août) :
« Mac-Mahon nous échappe sur Reims. Il a fait un
crochet, comme on dit à la chasse, et nous cher-
chons à le couper en le poursuivant pour le forcer
à livrer bataille. » Le 30 août, le chancelier assistait à la bataille de Beaumont, qui fut comme la
préface lamentable de l'encerclement des Français.
Les armées allemandes talonnaient l'armée de Mac-
Mahon, qui refluait vers Sedan, mais dans l'intention de se dérober sur Mézières : elle n'en eut pas
le temps. Le 1er septembre, la grande bataille s'engageait.

Du coteau de la Marfée, au village de Frénois,
au Sud-Ouest et aux portes de Sedan, Bismarck, à
côté de Guillaume Ier, de Roon et de Moltke, en
suivait les péripéties, la lorgnette à la main ; mais
il avait le sentiment d'un spectateur qui sait que la
pièce doit bien finir et qui ignore seulement le
moment où le rideau tombera. Il avait vu à droite,
du côté de l'Est, la résistance sauvage et l'incendie
de Bazeilles ; il avait vu, face à lui, du côté du
Nord, les deux mâchoires des armées allemandes se
rejoindre au calvaire d'Illy, et envelopper l'armée
française dans un formidable réseau de fer et de
feu ; il avait vu la cavalerie française s'élancer en
charges impétueuses, face à l'Ouest, contre les
fantassins et les artilleurs du XIe et du Ve corps
prussiens ; il avait entendu le roi Guillaume, qui
avait salué l'héroïsme de ces escadrons qui char-

gent, qui se replient, qui chargent encore avec une furie inlassable, de ce cri d'admiration : « Oh! les braves gens! » Vers trois heures de l'après-midi, la tragédie touchait à sa fin ; le drapeau blanc flottait au donjon de la ville. Guillaume envoyait alors à l'armée et à la place une sommation de se rendre. A la fin de la journée arrivait un parlementaire français, le général Reille : il apportait la lettre par laquelle Napoléon III remettait son épée entre les mains du vainqueur.

Les spectateurs de la Marfée se dispersent alors. Bismarck et Moltke se rendent à Donchery, à environ cinq kilomètres de Sedan ; le commandant en chef de l'armée vaincue, Wimpffen, vient les rejoindre dans cette petite ville, pour débattre le sort de ses malheureux soldats. Entre les trois hommes la discussion se prolonge jusqu'à minuit passé. Moltke avait tout de suite imposé ses conditions, de sa voix froide et tranchante : toute l'armée sera prisonnière de guerre. Wimpffen se débat avec des frémissements dans la voix ; il ne peut obtenir le moindre adoucissement. A plusieurs reprises, Bismarck intervient ; il appuie les paroles de son ami le général. « C'est la France, dit-il, qui a déclaré la guerre. L'Allemagne désire le prompt rétablissement de la paix. Nous ne devons donc négliger aucun moyen de diminuer la durée de la lutte, et l'un des plus efficaces est de priver la France d'une armée importante. Aussi, après en avoir délibéré, nous avons décidé que nos conditions seraient celles ci : votre armée déposera les armes et sera conduite prisonnière en Allemagne. » Cependant,

il amena Moltke à consentir à la prolongation de
l'armistice jusqu'au lendemain matin, neuf heures ;
aucun inconvénient ne pouvait en résulter, puisque
l'armée française était enveloppée de tous les côtés.

Quelques heures plus tard, vers six heures du
matin, le 2 septembre, on réveillait Bismarck ; on
lui annonçait que Napoléon III désirait le voir. Il
s'habille à la hâte et prend à cheval la route de
Sedan. Comme pendant toute la guerre, il portait
son costume militaire, la tunique de petite tenue
du régiment jaune de grosse cavalerie de la landwehr, la casquette blanche et les grandes bottes à
revers. A trois kilomètres environ, près de Frénois.
il rencontre le landau impérial. Seul en présence
de l'empereur et des officiers qui l'accompagnent,
il fait le geste instinctif de porter la main à son
revolver. Napoléon s'en aperçoit, mais Bismarck
reprend une allure correcte et fait le salut militaire.
Une courte conversation s'engage. L'empereur
désire voir le roi ; Bismarck répond que le roi est
trop loin ; en réalité, il ne voulait pas que Napoléon
pût voir son maître avant que toutes les conditions
de la capitulation eussent été signées. Alors où
attendre? Car l'empereur ne veut pas retourner à
Sedan. On reprend, tous ensemble, la route de
Donchery. Un peu avant d'y arriver, Napoléon et
Bismarck s'arrêtent dans la petite maison d'un
artisan, au bord de la route. Ils montent tous deux,
par un méchant escalier, dans une pauvre chambre
du premier ; tout le mobilier se composait d'une
table de sapin et de deux chaises de jonc. Quel
contraste avec leur dernière entrevue, en 1867,

aux Tuileries! Ils étaient seuls. Pendant trois quarts d'heure environ, ils conversent.

Napoléon déplore cette guerre fatale, il ne l'a pas voulue, elle lui a été imposée par la pression de l'opinion publique. Bismarck réplique qu'en Allemagne aussi personne n'avait désiré la guerre ; la candidature Hohenzollern intéressait l'Espagne et non l'Allemagne. L'empereur parle de conditions moins dures à obtenir pour l'armée de Sedan. Le chancelier objecte que cette question est purement du domaine des militaires. Moltke apparaît un moment ; il déclare que rien ne peut être changé aux conditions indiquées à Wimpffen ; il va en référer au roi. Napoléon dit qu'il ne peut pas lui-même traiter de la paix, puisqu'il est prisonnier ; seul, le gouvernement de Paris peut le faire. La conversation se prolonge encore au jardin, puis l'empereur est conduit au château de Bellevue, près de Frénois. C'est là que fut signée, à midi, la capitulation ; puis il y eut, au même endroit, une courte entrevue entre Guillaume Ier et Napoléon III. En sortant de cette entrevue, l'empereur adressa encore la parole à Bismarck ; ils se saluèrent pour la dernière fois.

Le lendemain, 3 septembre, Guillaume Ier recevait à sa table, au quartier général de Vendresse, les trois hommes qui avaient préparé ce triomphe éclatant des armées et de la politique prussiennes ; à la fin du repas, il les saluait en ces termes :

« A vous, ministre Roon, qui avez aiguisé l'épée ; à vous, général de Moltke, qui l'avez dirigée ; à vous, comte de Bismarck, qui avez porté à sa hau-

teur actuelle la politique prussienne en la diri-
geant depuis de longues années. »

A FERRIÈRES

Les vainqueurs de Sedan s'étaient mis aussitôt
en route vers Paris. L'état-major général et Bismarck séjournèrent à Reims pendant quelques
jours. Il ne fallait pas qu'il y eût un doute dans
l'esprit des membres du nouveau gouvernement de
Paris sur les buts que poursuivait l'Allemagne et
dont sa victoire de Sedan semblait l'avoir beaucoup approchée.

Aussi, le chancelier adressa-t-il à tous ses agents
diplomatiques une circulaire, où la question de
Strasbourg et de Metz était exposée de nouveau.
Il y était dit : « Tant que la France restera en possession de Strasbourg et de Metz, son organisation
offensive sera plus forte que notre défensive sur
tout le sud de l'Allemagne et sur la rive gauche du
Rhin. Strasbourg est entre les mains de la France
une porte de sortie toujours ouverte sur l'Allemagne du Sud. Dans les mains de l'Allemagne, au
contraire, Strasbourg et Metz acquièrent un caractère défensif. » La plus grande publicité fut donnée dans la presse allemande à cette circulaire officielle.

Cependant, tout en se préparant à la guerre à
outrance, le gouvernement de la Défense nationale
crut de son devoir d'entrer en relations avec le
vainqueur. On prêtait au vainqueur cette parole,
qu'il faisait la guerre à Napoléon III et non à la

France; la chute de l'empereur ne permettait-elle
pas à présent de parler d'un armistice, en attendant
un traité de paix? La mission douloureuse de conférer avec Bismarck échut à Jules Favre.

Rien de plus dissemblable, au physique et au
moral, que ces deux hommes, Bismarck, âgé alors
de cinquante-cinq ans, Jules Favre de soixante et
un : l'un, énorme, bâti comme un colosse, affectant
dans son uniforme de cuirassier une raideur militaire, la parole sèche et brève, champion de la
force brutale, fier de l'ascendant que lui donnaient
dix semaines de victoires éclatantes et l'investisse-
ment de Paris; l'autre, élancé, mince, d'allures
fines, peu représentatif dans sa tenue civile, ayant
l'émotion d'un avocat qui parle pour une noble
cause, croyant à l'humanité, à la justice, au droit.
Sa conviction seule le soutenait; car que repré-
sentait-il? Un gouvernement qui avait à peine
quinze jours de date et un pays vaincu. Mais ce
pays était la France; la cause était belle à plaider;
il la plaida de toute son âme. Comment auraient-ils
pu s'entendre? Jules Favre parlait au nom du sentiment; dans la politique de Bismarck, dans cette
politique des réalités, il n'y eut jamais de place
pour le sentiment.

Entre Jules Favre et Bismarck il y eut trois en-
trevues, le 19 et le 20 septembre, la première au
château de la Haute-Maison, les deux autres au
château de Ferrières, propriété du baron de Roth-
schild; Bismarck connaissait Ferrières, il y avait
chassé en 1865. Jules Favre demandait un armistice
pour la convocation d'une assemblée, avec laquelle

la Prusse pourrait trait·r. Bismarck ne voulait
d'armistice à aucun prix. Il parla de l'Alsace :
« Strasbourg est une menace perpétuelle contre
nous. C'est la clef de notre maison et nous la voulons. » Dans le dernier entretien, Bismarck consentit à dire à quelles conditions un armistice
pourrait être accordé : l'Allemagne occuperait
toutes les forteresses des Vosges et, aux portes de
Paris, le Mont-Valérien; les élections pour une
assemblée nationale n'auraient lieu ni en Alsace ni
dans la partie de la Lorraine que l'Allemagne se
réservait. Jules Favre fut profondément ému, ses
yeux se mouillèrent; pour Bismarck, incapable de
comprendre une émotion, Jules Favre « jouait la
comédie tout simplement ». Deux jours plus tard,
une lettre de Jules Favre informait le chancelier
que la France ne pouvait souscrire aux conditions
qui lui étaient demandées pour un armistice. Les
entretiens de Ferrières s'étaient passés en français, parce qu'ils n'avaient pas, disait Bismarck à
Jules Favre, de caractère officiel. Il avait ajouté :
« Le jour où nous signerons le traité de paix, vous
vous apercevrez que nous parlons allemand. »

A VERSAILLES

Le 5 octobre, le grand quartier allemand s'établissait à Versailles. Bismarck s'installa dans l'hôtel
de Mme Jessé, 14, rue de Provence; ce fut sa résidence pendant cinq mois continus, jusqu'au début
du mois de mars. Il avait fait de cette maison
comme une succursale de la Wilhelmstrasse;

il avait avec lui ses collaborateurs de confiance,
Abeken, Keudell, Lothar Bucher, Maurice Busch.
Il avait conservé sa manière de vivre, se levant
tard, mais prolongeant très avant dans la nuit le
travail de cabinet. Grand mangeur, grand buveur,
il eut à Versailles la vie abondante. Des cadeaux
de comestibles lui arrivaient de toutes les parties
de l'Allemagne : bourriches de gibier, de faisans,
de poisson, pièces monumentales de pâtisserie,
bouteilles de bière et de vin, friandises de tout
genre. Cependant les Parisiens mouraient de faim
et de froid.

Le salon de l'hôtel Jessé vit un défilé continu
d'hommes politiques; il entendit parfois les paroles
les plus dures, comme celles que Bismarck dit un
jour au maire de Versailles : « L'Allemagne veut
la paix, et fera la guerre jusqu'à ce qu'elle l'ob-
tienne, quelles qu'en soient les déplorables conséquences pour l'humanité, dût la France disparaître
comme Carthage et d'autres nations de l'antiquité. »
La constitution de l'empire d'Allemagne, la capitulation de Paris, les préliminaires de paix furent
signés dans cette pièce historique. Il y avait sur la
table une pendule surmontée d'une tête de Satan ;
cette image diabolique présida à tous ces événements. Il paraît que Bismarck, lors de son départ,
n'emporta pas la pendule.

Quand il avait séjourné au château de Ferrières,
Bismarck avait reçu un personnage équivoque,
Régnier, qui se présentait comme un émissaire de
l'impératrice, et qui essaya pendant quelque temps
de jouer un rôle d'intermédiaire entre le grand

quartier prussien et l'armée de Metz. A Versailles,
le chancelier vit arriver un personnage d'une autre
surface, le général Boyer, premier aide de camp de
Bazaine. Il l'engagea dans des pourparlers diplomatiques, qui ne pouvaient aboutir; car il s'agissait pour l'armée de Metz d'être « toujours l'armée
de l'empire, décidée à soutenir le gouvernement
de la régente »; mais cela prenait des jours, et
pendant ces jours l'armée de Metz achevait de
mourir de faim. Depuis la journée de Saint-Privat,
Frédéric-Charles tenait étroitement bloquée la
capitale de la Lorraine; de Versailles, Bismarck
suivait et précipitait l'agonie de la cité héroïque.
Le 27 octobre, Bazaine livrait à l'Allemagne Metz
la Pucelle et une armée intacte de cent soixante-
quinze mille hommes.

Peu après, dans ces circonstances désespérées, le
1ᵉʳ novembre, Thiers se présentait à l'hôtel de la
rue de Provence. Bismarck a parlé avec un singulier sans-gêne de ce bon serviteur du pays. « C'est,
dit-il, un homme aimable et habile, spirituel et
brillant, mais ce n'est pas un diplomate : il est trop
sentimental. Il est incontestablement plus fin que
Jules Favre, mais il se laisse, lui aussi, bluffer trop
facilement. Je lui tire, comme je veux, les vers du
nez. Et puis il a une regrettable manie : il fait
durer les négociations dont il est chargé en y in-
troduisant des questions qui n'ont rien à y voir. »
Le futur libérateur du territoire venait demander
un armistice, qui permettrait la convocation d'une
assemblée nationale; avec cette assemblée la question de la paix pourrait se poser. Les négocia-

tions entre Thiers et Bismarck durèrent pendant
cinq jours et restèrent sans résultat. Comme à
l'entrevue de Ferrières, le chancelier avait encore
parlé de l'occupation d'un fort de Paris; il ne voulait pas admettre les élections en Alsace et en Lorraine; il ne voulait pas autoriser le ravitaillement
de Paris. Thiers discuta pied à pied toutes ces exigences; il ne put obtenir que cette alternative : ou
l'armistice sans ravitaillement, ou des élections
sans armistice. Le gouvernement de la Défense
nationale invita Thiers à rompre des pourparlers
qui étaient sans issue.

LA QUESTION DE LA MER NOIRE

Au cours du siège de Paris, la diplomatie de Bismarck fut tout à coup attirée vers les affaires
d'Orient. Le 31 octobre, le chancelier Gortschakoff
adressait une circulaire aux puissances signataires
du traité de 1856; il demandait la revision des articles qui limitaient les forces russes dans la mer
Noire. A Londres et à Vienne, il y eut un vif sentiment de mauvaise humeur; à Paris, on avait autre
chose à faire alors qu'à émettre une protestation
platonique. Bismarck se rappelait que le rôle de
la Prusse dans l'insurrection polonaise de 1863
lui avait valu l'amitié de la Russie, que cette
amitié lui avait laissé les coudées franches dans la
guerre de 1856 et dans la guerre présente. Aussi
était-il de son intérêt de ménager cette amitié précieuse, d'autant mieux que la question de la mer
Noire n'avait alors que des rapports fort éloignés

avec la politique de la Prusse. Il imagina de renvoyer la question à une conférence internationale; la Russie accepta très volontiers; l'Angleterre et l'Autriche s'inclinèrent. La conférence s'ouvrit à Londres le 17 janvier, à une date où la France était incapable d'y prendre part. La convention de Londres, du 13 mars 1871, rendit à la Russie son entière liberté d'action sur la mer Noire. Bismarck et Gortschakoff avaient fait, à peu près en même temps, une excellente opération, l'un à Strasbourg et à Metz, l'autre à Sébastopol.

BOMBARDEMENT DE PARIS

Cependant Bismarck, dans son hôtel de Versailles, poursuivait, avec une ténacité inlassable, la transformation de la Confédération de l'Allemagne du Nord en un empire comprenant tous les États allemands. Pour faire tomber les dernières hésitations de quelques États allemands, quoi de mieux que d'écraser la France, sinon en prenant Paris (militairement l'opération paraissait impossible), du moins en détruisant Paris? Le chancelier était de ceux que la résistance de Paris exaspérait. Il partageait les sentiments de sa femme : elle était « toujours atteinte, disait-il, d'une haine acharnée contre les Gaulois, qu'elle voudrait tous voir fusillés et écharpés jusqu'aux petits enfants »; dans les premiers jours de novembre, elle lui écrivait : « Je t'enverrai prochainement le livre des *Psaumes* afin que tu puisses y lire cette prophétie contre les

Français : « Je te le dis, les impies doivent être
« exterminés. »

Après la rupture des négociations du début de
novembre, la question du bombardement de Paris
revint sans cesse dans les conversations du chancelier. « Je sais, disait-il, que plusieurs journaux me
rendent responsable de ce que Paris n'a point encore été bombardé. C'est absurde.... J'ai demandé,
dès la première heure, que la capitale soit détruite
de fond en comble.... Seulement, l'autorité militaire
est toujours là à tergiverser. Je passe mon temps à
dissiper ses scrupules, et elle passe le sien à faire
des préparatifs et à réclamer des renforts de mu-
nitions. » Il entretenait le roi de cette question;
celui-ci déclarait en avoir donné l'ordre aux généraux. « Mais j'ai tout de suite compris, ajoutait Bismarck, que ce n'était pas vrai. Je le connais. Il ne
sait pas mentir ou, en tout cas, il ne sait pas s'y
prendre. » Derrière ces lenteurs à commencer le
bombardement, Bismarck devinait l'influence d'une
cabale féminine. « C'est la reine d'Angleterre,
disait-il, qui ne veut pas qu'on bombarde Paris.
Elle a influencé sa fille, la princesse royale, qui, à
son tour, a influencé son mari, le kronprinz. » Un
jour, Bismarck voulut parler au kronprinz du bombardement; celui-ci l'arrêta par ces mots : « Je pré-
férerais abandonner mon commandement. » Le
chancelier fut sur le point de lui répondre : « Je
suis prêt à le prendre. Je ne donnerai qu'un ordre,
et ce sera : Commencez le bombardement. »

Le 27 décembre, les vœux diaboliques de Bismarck étaient exaucés : le bombardement avait

commencé. Le 12 janvier, le bruit courut à Versailles que Paris était en feu ; de larges colonnes de fumée s'apercevaient à l'horizon au-dessus de la capitale. « Ça ne suffit pas, dit le chancelier. Il faut que nous sentions le roussi d'ici. » L'odorat de Bismarck était comme celui de Vitellius, qui disait, sur le champ de bataille de Bédriac, que le cadavre d'un ennemi sent toujours bon. L'après-midi du 2 septembre, en visitant le champ de bataille de Sedan et en passant à Bazeilles, il avait senti, avec un mélange de dégoût et de volupté, « une forte odeur d'oignon brûlé », et il avait dit : « Pouah ! ces Français qui brûlent. »

Les premiers obus du bombardement étaient tombés sur le plateau d'Avron. Le 5 janvier, ils commencèrent à tomber sur la ville même : le Panthéon, le Val-de-Grâce, le Muséum servaient de cibles aux batteries allemandes. Alors la satisfaction de Bismarck éclate. « Enfin, ils ont tiré ! » écrit-il à sa femme dans un cri de joie sauvage.

Le 19 janvier, le lendemain de la proclamation à Versailles de l'empire d'Allemagne, la garnison de Paris avait tenté un suprême effort, du côté de Montretout et de Buzenval ; elle n'avait pu passer ; elle avait laissé sur le champ de bataille plus de douze cents morts et de quatre mille blessés. Trochu fit demander un armistice de quarante-huit heures pour emporter les blessés et enterrer les morts. Bismarck fit répondre par un refus. « Et d'ailleurs, ajouta-t-il, les morts se trouvent aussi bien sur la terre que dessous. »

ARMISTICE DU 28 JANVIER

Jules Favre se faisait annoncer à l'hôtel du chancelier le 23 janvier, à sept heures du soir. « Il a blanchi et engraissé, dit Bismarck à un confident; c'est sans doute l'effet de la viande de cheval. » La conversation de ces deux hommes dura plus de deux heures et demie. Bismarck alla ensuite s'entretenir avec Guillaume pendant trois quarts d'heure; puis il revint trouver ses intimes dans la salle à manger. Sa figure était rayonnante. Se tournant vers son cousin, le comte de Bismarck-Bohlen : « Connais-tu cela? » lui demanda-t-il. Et il se mit à siffler l'air du chasseur qui a abattu un cerf. « Oui, fit Bohlen, c'est le signal de la mort. — Non, pas tout à fait. » Et il siffla de nouveau : « C'est l'hallali! Je crois bien que, cette fois, l'affaire est dans le sac. » Jules Favre était venu pour traiter de la capitulation de Paris. Les obus n'avaient rien pu sur la grande ville; mais la famine avait accompli son œuvre de mort: Paris, sans pain, sans viande, sans charbon, n'avait plus qu'à se rendre. Jules Favre avait dit qu'on voyait à Paris des dames promener de jolis enfants sur les boulevards. « Cela me surprend, répliqua le gracieux chancelier; vous ne les avez donc pas tous mangés. »

Le 28 janvier, après cinq jours de négociations très douloureuses pour Jules Favre et les généraux qui l'accompagnaient, un armistice de vingt et un jours était conclu pour l'élection et la convoca-

tion d'une assemblée nationale. A propos de
l'armée de l'Est, la perfidie de Bismarck, qui voulait à tout prix Belfort, se joua de l'ignorance de
Jules Favre, en lui présentant une ligne inexacte
de la démarcation des armées; ainsi fut exclue de
l'armistice l'armée de l'Est tout entière : elle allait
être obligée à continuer sa retraite désastreuse et
à se retirer, après les pires souffrances, en territoire suisse. La veille de la signature, le canon du
Mont-Valérien s'était fait entendre pour la dernière
fois : Paris avait capitulé.

PRÉLIMINAIRES DU 26 FÉVRIER.

L'Assemblée nationale s'était réunie à Bordeaux;
elle avait élu Thiers chef du pouvoir exécutif.
Thiers se rendit à Versailles le 21 février pour arrêter les préliminaires de la paix; il savait que les
conditions de Bismarck seraient très rigoureuses,
mais il était résolu à les discuter jusqu'à la dernière extrémité et à tenir tête au chancelier. Tout
en disant à Thiers qu'il ne voulait pas « maqui-
gnonner », Bismarck posa ses exigences : toute
l'Alsace y compris Belfort, la Lorraine allemande
avec Metz, six milliards, l'entrée à Paris des troupes
allemandes. Les négociations se prolongèrent jusqu'au 26 février. Jules Favre avait accompagné
Thiers; mais ce fut celui-ci qui porta tout le poids
de la discussion. « Non, dit il, jamais je ne céderai
Belfort et Metz. Vous voulez ruiner la France dans
ses finances, la ruiner dans ses frontières. Eh bien!
qu'on la prenne, qu'on la ravage, qu'on ruine ses

maisons, qu'on écorche ses habitants inoffensifs.
Nous combattrons jusqu'au dernier souffle; vous
aurez à la gouverner en présence de l'Europe, si
elle le permet. » Bismarck se retranchait derrière
les conditions immuables du roi et de Moltke; mais
il y avait un point sur lequel il était bien décidé
lui-même à ne jamais transiger : c'était l'acquisi-
tion de la Lorraine avec Metz. Gortschakoff lui avait
écrit pour lui conseiller de laisser à la France Metz
et la Lorraine allemande; il avait répondu au chancelier russe : « Nous devons nous en tenir strictement au programme que, il y a cinq mois, nous
avons communiqué à Saint-Pétersbourg. La réali-
sation de ce programme est indispensable à notre
sécurité, et l'Allemagne ne tolérerait pas une minute qu'on en changeât une virgule. Il nous faut
Metz et la Lorraine. »

Entre Thiers et Bismarck la discussion tourna
parfois à l'orage. Un jour, à une nouvelle exigence
du chancelier, Thiers bondit et s'écria : « Mais
c'est une indignité! » Bismarck continua alors la
conversation en allemand. « Mais vous savez bien,
dit Thiers, que je ne sais pas l'allemand. » Bismarck reprit en français : « Lorsque, tout à l'heure,
vous avez parlé d'indignité, j'ai trouvé que je ne
ne savais pas assez le français, et j'ai préféré me
servir de l'allemand, dans lequel je comprends ce
que je dis et surtout ce que j'entends. »

Cependant Bismarck avait obtenu l'indemnité
de cinq milliards et la cession de Metz; devant la
ténacité patriotique de Thiers, il consentit à un
accommodement. « Que préférez-vous? lui dit-il

un jour brusquement : Belfort ou la renonciation
à notre entrée dans Paris? — Belfort, répondit
Thiers. Paris est prêt à boire le calice jusqu'à la
lie pour conserver à la patrie un coin de son sol et
une cité héroïque. » La vaillante citadelle que
Denfert-Rochereau avait seulement cessé de défendre, le 16 février, quand l'ordre lui en avait été
donné par le gouvernement français, était conser-
vée à la France. Les défenseurs invaincus de Belfort
sortirent de la place devant les troupes allemandes
qui leur présentaient les armes. Thiers avait sauvé
ce lambeau de terre alsacienne. Et, de nouveau,
depuis 1914, la citadelle imprenable barre la route
à l'envahisseur qui, grâce à elle, n'a pu pénétrer
dans la Bourgogne.

Les préliminaires de paix furent signés à Versailles le 26 février. Bismarck voulut bien alors se
defaire pour un instant de son ton hautain: il prit
les mains de Thiers et lui dit : « Je comprends et
j'honore votre chagrin; je suis ministre de Prusse,
vous êtes ministre de France ; j'ai dû faire ce que
j'ai fait. »

PROTESTATION DES DÉPUTÉS D'ALSACE-LORRAINE

Dès le 17 février, avant l'ouverture des négociations de Versailles, les députés d'Alsace Lorraine
avaient fait entendre, à la tribune de Bordeaux, la
protestation solennelle qui avait été rédigée par
Gambetta, député du Bas-Rhin; elle avait été lue
par Émile Keller, député du Haut-Rhin. Voici
quelques lignes de ce document émouvant; nos

deux provinces de l'Est lui doivent d'avoir toujours conservé, en droit, leur caractère de françaises.

« Nous prenons nos concitoyens de France, les gouvernements et les peuples du monde entier, à témoin que nous tenons d'avance pour nuls et non avenus tous actes et traités, votes ou plébiscites, qui consentiraient abandon en faveur de l'étranger de tout ou partie de nos provinces de l'Alsace et de la Lorraine.

« Nous proclamons par les présentes à jamais inviolable le droit des Alsaciens et des Lorrains de rester membres de la nation française, et nous jurons, tant pour nous que pour nos commettants, nos enfants et leurs descendants, de le revendiquer éternellement, et par toutes les voies, envers et contre tous usurpateurs. »

Le 1er mars, l'Assemblée de Bordeaux, « contrainte, suivant le mot de Thiers, de courber la tête sous la force de l'étranger », ratifia les préliminaires de Versailles. Alors un député du Haut-Rhin, Jules Grosjean, fit encore entendre une protestation suprême :

« Livrés, au mépris de toute justice et par un odieux abus de la force, à la domination de l'étranger, nous avons un dernier devoir à remplir. Nous déclarons encore une fois nul et non avenu un pacte qui dispose de nous sans notre consentement.... Vos frères d'Alsace et de Lorraine, séparés en ce moment de la famille commune, conserveront à la France, absente de leurs foyers, une affection filiale jusqu'au jour où elle viendra y reprendre sa place. »

RETOUR A BERLIN

La rapidité avec laquelle Thiers avait fait ratifier par l'Assemblée les préliminaires de paix avait eu cette conséquence heureuse, que le gouvernement français put obtenir, dès le 3 mars au matin, l'évacuation de Paris. Le 1er mars, Guillaume Ier avait passé une grande revue des troupes allemandes sur l'hippodrome de Longchamps, puis les casques à pointe avaient descendu les Champs-Élysées. Bismarck était à cheval; quelques coups de sifflet éclatèrent sur son passage; le soir il racontait qu'il avait demandé du feu pour allumer son cigare à un homme de fort mauvaise mine, et que celui-ci, sans rien dire, lui avait tendu sa cigarette. Une entrée solennelle de la garde avait été préparée pour le 3 mars; dès la veille, à la suite de la notification que Jules Favre s'était empressé de faire, elle était devenue impossible; en fait, elle n'eut pas lieu.

Le 6 mars, Bismarck et le grand quartier général quittaient Versailles; le 9, après sept mois d'absence, les vainqueurs rentraient à Berlin. Le jour (16 juin) de l'entrée solennelle des troupes allemandes à Berlin, on pouvait voir au frontispice de l'Académie royale le portrait de Bismarck avec cette inscription : « Forgée avec le fer, cimentée avec le sang, l'unité s'est formée, bravant les orages du temps. Maître, tu tiens ta parole (*Meister, du lösest dein Wort*). »

TRAITÉ DE FRANCFORT

Il restait à transformer les préliminaires de Versailles en un traité de paix. Une conférence francoallemande s'ouvrit à cet effet à Bruxelles, le 24 mars; mais l'insurrection de la Commune et les exigences allemandes l'empêchèrent d'aboutir. Bismarck décida alors de traiter directement à Francfort avec deux plénipotentiaires français, Jules Favre et Pouyer-Quertier. Celui-ci, qui était alors ministre des Finances, apporta à ces négociations de la fin une science pratique des affaires et une rondeur d'allures, sans parler d'un estomac capable de soutenir les beuveries germaniques, qui aidèrent beaucoup à résoudre les dernières difficultés. Hélas! rien ne pouvait être changé aux préliminaires du 26 février. Les négociations de Francfort commencèrent le 6 mai, à l'hôtel du Cygne. Quatre jours se passèrent en discussions pénibles; nos plénipotentiaires durent faire encore quelques concessions, notamment sur les conditions du paiement des cinq milliards, sur la situation des Alsaciens-Lorrains. Les dernières signatures furent échangées le 10 mai 1871.

Bismarck était en droit de se féliciter du traité de Francfort; car l'œuvre de violence, dont il portait en lui l'idée depuis si longtemps, était devenue une réalité; par le fer et par le feu, il venait d'arracher à la France deux morceaux de sa chair. Cependant pouvait-il douter de l'attachement invincible que les Alsaciens et les Lorrains avaient pour la France? Ces Français n'avaient-ils pas protesté, à la face du monde, contre la violence faite à leurs corps et à laquelle leurs cœurs ne se soumettraient jamais? Le chancelier se rendait compte qu'il y aurait une période difficile à passer; il l'évaluait à une trentaine d'années. Au bout de trente ans, la résignation des annexés et le consentement de la France devaient permettre à l'Allemagne de jouir en paix de sa brutale conquête.

Les trente ans sont passés depuis longtemps déjà; il y aura bientôt un demi-siècle que l'œuvre d'iniquité a été commise. Loin de disparaître, le fossé que Bismarck a creusé entre la France et l'Allemagne est devenu de plus en plus profond. Il n'y a qu'un moyen de le combler : c'est que le crime de 1871 soit réparé. La France n'a pas voulu la guerre présente; elle en souffre cruellement. Mais elle supporte ses souffrances avec courage, car elle sait que l'heure est proche, l'heure vengeresse et libératrice, qui sonnera, aux cathédrales de Strasbourg et de Metz, aux beffrois d'Alsace et de Lorraine, la victoire du droit imprescriptible.

Alors, enfin, la France aura cette joie d'être chez elle. Avec quelle éloquence un orateur sacré a parlé, il y a quarante-six ans et à propos de la France envahie, de ce bonheur de s'appartenir à soi-même!

« Et moi, disait-il, qui ai vu ces beaux champs, ces vertes collines, ces rivières charmantes, autrefois sa frontière orientale et maintenant la terre de l'étranger, quand je songe à la belle image de mon pays, telle que je l'ai connue dans ma jeunesse et telle qu'elle est encore en rêve, devant mes yeux; quand je songe qu'il y a là des ombres, qu'il y a là des lignes tordues, qu'il y a là des envahissements, et que ce sol n'est plus à nous, que là même où il nous appartient encore, absolument parlant, il est obligé de subir la présence de l'étranger, ah! messieurs, c'est rude pour un homme qui aime son pays!

« Eh bien, savez-vous le cri qui s'échappe alors d'un cœur patriotique? Il n'y en a qu'un, un seul, impétueux comme le rugissement d'un lion, c'est le cri de l'affranchissement : délivrons notre territoire, et soyons chez nous! »

V

L'EMPIRE ALLEMAND

La renaissance de l'empire allemand. — L'adhésion de la
Bavière. — Le 18 janvier 1871. — Prince de Bismarck.
— L'entrevue des trois empereurs. — Le régime de l'Al-
sace-Lorraine. — L'alerte de 1875. — Le Congrès de
Berlin. — La Triplice. — Manteuffel et Hohenlohe en
Alsace-Lorraine. — L'affaire Schnæbelé.

LA RENAISSANCE DE L'EMPIRE ALLEMAND

Les victoires de la Prusse en 1870 n'eurent pas
seulement pour conséquence le vol de deux provinces françaises ; elles aboutirent aussi à un autre
résultat, que Bismarck poursuivait depuis 1866, la
renaissance de l'empire allemand. Le 18 janvier
1871, à Versailles, dans la Galerie des Glaces, ce
fut un fait accompli ; mais, avant d'arriver à la
proclamation de l'empire, le chancelier eut bien
des difficultés à résoudre.

Le prince royal allait au delà des idées de Bismarck. Il était partisan de l'unité nationale de
l'Allemagne, mais dans le sens où l'avaient entendue
les hommes de 1848, c'est-à-dire avec des institutions vraiment libérales et parlementaires, qui
auraient pour effet de mettre au premier plan la
nation elle-même et non les princes. Sans doute,
comme l'a écrit Bismarck de son ton méprisant,

« Son Altesse Royale avait adopté l'idée de l'un ou de l'autre des songe-creux politiques auxquels elle prêta t l'oreille ».

Pour Guillaume Ier, il ne partageait pas du tout le libéralisme de son fils. Il estimait que le titre de roi de Prusse était supérieur à tous les autres; il comprenait une Prusse agrandie dans son territoire, mais il se souciait peu d'échanger contre le titre d'empereur le titre de président de la Confédération qu'il portait depuis 1866. Bismarck affirmait que l'adoption du titre d'empereur était un besoin politique; il disait à son maître : « Votre Majesté ne veut pourtant pas rester éternellement un substantif neutre, *das Präsidium*. Il y a dans le mot de « présidence » une abstraction; cette expression l' « empereur » possède, au contraire, une grande force, un élan puissant. » Cela pouvait être vrai; mais le titre impérial était inconnu dans les institutions prussiennes, et Frédéric II avait rendu le nom de roi de Prusse assez puissant pour qu'il n'y eût pas à en changer, même en modifiant la forme territoriale de l'Allemagne.

Il y avait encore à compter avec le particularisme, sinon avec les sentiments anti-prussiens des États du Sud, en particulier de la Bavière. Ils avaient bien associé leurs armées aux armées de la Prusse dès le début de la guerre, et ils avaient largement pris leur part dans la victoire commune; toutefois ils n'entendaient point entrer dans la constitution fédérale sans obtenir des avantages. Le roi Louis II de Bavière se montrait le plus réfractaire; cependant c'était le souverain qu'il

importait le plus de gagner, à cause de son rôle
prépondérant dans l'Allemagne méridionale. Delbrück, un des meilleurs agents de Bismarck, fut
employé par lui dans ces négociations avec les
États du Sud, qui furent très épineuses. Il suffit
ici de constater les grands résultats.

Le 2 septembre, le soir même de la capitulation
de Sedan, le grand-duc de Bade faisait remettre
une note à la Prusse, pour demander, avec l'entrée
du grand-duché dans la Confédération du Nord, le
rétablissement du titre impérial. L'ancien titre
d'empereur, porté par les Habsbourg, avait sombré
dans le bouleversement territorial qui avait suivi
la journée d'Austerlitz; le nouveau titre, restauré
par les Hohenzollern, allait naître à la suite de la
grande victoire que l'Allemagne venait de rem-
porter. La double demande du gouvernement badois répondait aux désirs les plus vifs de Bismarck;
mais, aux yeux de l'opinion, peut-être perdait-elle
une partie de sa valeur, parce que le grand-duc
Frédéric était le gendre du roi de Prusse.

Plus significatif fut le geste de la Bavière. Vers
la mi-septembre, le cabinet de Munich renouvela,
pour son compte, la proposition du cabinet de
Carlsruhe, en l'entourant de diverses conditions.
À ce moment la diplomatie de Delbrück fut très
active auprès des cours du Sud et elle rendit à la
cause de l'unité les plus grands services; à la fin
de septembre, il écrivait : « L'union allemande est
assurée ». Cependant l'enfantement de l'unité demanda encore bien des semaines laborieuses.

Les délégués du Wurtemberg, de Bade, de la

Bavière et de la Hesse arrivèrent à Versailles à la fin d'octobre; les pourparlers sérieux commencèrent. Ce fut pour le chancelier une époque très dure de son séjour à l'hôtel de la rue de Provence. Les négociations avec Thiers pour l'armistice, les négociations avec la Russie pour la liberté de la mer Noire, les négociations avec les délégués des princes pour la constitution d'une Allemagne nouvelle, se poursuivaient de front. Il écrivait à sa femme que c'était un « travail de galérien... Mes barbouilleurs d'encre manœuvrent nuit et jour et intriguent à la façon de Francfort. A moins qu'un ouragan allemand ne tombe au milieu d'eux un de ces jours, nous n'arriverons à rien avec ces diplomates et ces bureaucrates de la vieille école, du moins pour cette année. »

La question d'Alsace-Lorraine éveillait des convoitises et des jalousies dans les États du Sud : à qui allait appartenir cette terre arrachée à la France? Pour couper court à toute rivalité, Bismarck avait arrêté qu'elle ne serait à personne, pas plus à la Prusse, qui, en fait, l'avait conquise, qu'au grand-duché de Bade, qui, en vertu du voisinage, espérait en annexer une partie. Elle serait à tous, puisqu'elle était le fruit d'une campagne à laquelle tous les Allemands avaient participé; sous le nom de Reichsland, c'est-à-dire de Terre d'Empire, elle serait la propriété de toute la nouvelle Allemagne; les deux provinces françaises allaient devenir ainsi comme « la clef de voûte de l'œuvre unitaire ».

L'ADHÉSION DE LA BAVIÈRE

Dans le courant de novembre, Bade, la Hesse et le Wurtemberg passèrent des traités pour entrer dans la Confédération; mais le grand succès fut obtenu le 23 novembre. Ce jour-là, Bismarck était resté longtemps à conférer avec les trois plénipotentiaires bavarois. Puis la porte de son salon s'ouvrit; il apparut, un verre vide à la main et l'air rayonnant. « Messieurs, dit-il, le traité bavarois est signé, l'unité allemande est assurée, et notre roi devient empereur d'Allemagne... Apportez une autre bouteille... C'est un grand événement... Les journaux ne vont pas être contents. Peut-être même celui qui écrit l'histoire critiquera-t-il notre traité. Il dira, en parlant de moi : « Cet imbécile aurait dû demander davantage : il « l'aurait obtenu, parce qu'on aurait été obligé de « le lui accorder. » Celui qui dira cela aura peut-être raison, mais il ne se rendra pas compte que ce à quoi j'attachais le plus d'importance était que mes partenaires fussent contents de moi. Les traités ne sont rien quand les gens qui les signent le font contraints ou forcés. — Tout commentaire serait superflu; mais il est bon de rapprocher de cette affirmation édifiante le souvenir des traités de Francfort, en 1871, et de Bucarest, en 1918. — Et moi, je vois que ces gens-là sont partis contents. Je n'ai pas cherché à les mettre dedans. »

Le kronprinz était de ceux qui trouvaient que dans la circonstance la Prusse aurait pu obtenir de la Bavière de plus grands avantages. « C'est vrai, lui répondit le chancelier. Nous aurions pu demander plus; mais comment nous y serions-nous pris pour l'obtenir? — Eh bien, mais en les y forçant. — Dans ce cas, monseigneur, je ne puis que recommander à Votre Altesse Royale de commencer à désarmer les troupes bavaroises qu'elle a sous ses ordres. »

A l'inverse de ce qui s'était passé en 1849, l'unité allemande s'était faite par les princes; il restait à présent à la faire ratifier, sinon par le peuple, du moins par ses représentants. Le Reichstag fut convoqué à cet effet. Plusieurs députés trouvaient peu satisfaisantes les conditions auxquelles le Wurtemberg et surtout la Bavière entraient dans la Confédération ou plutôt dans l'Empire; mais le très habile Delbrück, traduisant à merveille les idées de son chef, sut mettre en pleine lumière les avantages du nouveau régime. Les traités furent adoptés à une très forte majorité. Après les princes, le peuple avait parlé.

Alors une délégation de trente députés fut envoyée par le Reichstag, de Berlin à Versailles, pour prier le roi de Prusse d'accepter la couronne impériale. En 1849 une délégation de trente-deux députés était venue, de Francfort à Berlin, auprès de Frédéric-Guillaume IV pour le même objet. Il se trouva, par une circonstance curieuse, que la délégation de 1870 eut le même président que la délégation de 1849; c'était Simson, qui était en ce moment président du Reichstag comme il avait été, vingt et un ans plus tôt, président du parlement de

Francfort. Mais les analogies étaient purement ex-
térieures ; car, suivant un mot qui a été dit, « entre
1849 et 1870, Bismarck, Roon et Moltke avaient
passé ». Le 18 décembre, les délégués furent reçus
à Versailles, dans la grande salle de la Préfecture.
Simson était fort ému en donnant lecture de
l'adresse ; Guillaume Ier ne l'était pas moins en
lisant son discours, qui avait été rédigé par Bismarck. Tout le temps de la cérémonie, on entendit
le tir des batteries du Mont-Valérien.

Avant l'arrivée de la délégation du Reichstag,
Bismarck était arrivé à ses fins : il avait amené
Louis II de Bavière à prendre l'initiative de la
renaissance impériale. Il lui avait écrit : « Il est à
mon avis de haute importance que l'impulsion
première provienne de Votre Majesté et non des
représentants du peuple. La situation serait faus-
sée, si l'initiative ne revenait pas, libre et mûre, au
plus puissant des princes confédérés. » En réponse,
le roi de Bavière consentit à sortir pour un moment
de sa misanthropie et à oublier les embellissements
de ses châteaux, pour adresser, le 2 décembre, une
lettre à Guillaume Ier. « J'ai proposé aux princes
allemands, lui disait-il, de se joindre à moi pour
demander à Votre Majesté que l'exercice des droits
présidentiels de la Confédération se fît sous le titre
d'empereur allemand. » L'unité allemande et l'empire allaient donc se constituer avec le caractère
que Bismarck tenait par-dessus tout à leur im-
primer : c'étaient les princes eux-mêmes qui se
faisaient les interprètes des désirs unitaires de
l'Allemagne.

LE 18 JANVIER 1871

Guillaume n'avait plus qu'à tendre la main pour saisir la couronne impériale. Il hésitait encore, car l'amour de la Prusse l'emportait en lui sur l'amour de l'Allemagne, et le titre de roi de Prusse continuait à lui paraître le plus beau de tous. A l'en croire, il songea un moment à abdiquer et à « tout remettre à Fritz ». Enfin, le 14 janvier, il fit savoir qu'il acceptait la dignité nouvelle, « dans le ferme dessein d'être, par la grâce de Dieu, comme prince allemand, le fidèle protecteur de tous les droits et de tenir l'épée de l'Allemagne pour la protection de notre patrie ». La cérémonie du couronnement fut fixée au 18 janvier, car ce jour est l'anniversaire d'une date fameuse dans l'histoire dynastique des Hohenzollern. Le 18 janvier 1701, à Kœnigsberg, le « très puissant prince Frédéric Ier » s'était couronné et avait été sacré comme roi de Prusse; l'ordre de l'Aigle noir avait été institué alors pour perpétuer le souvenir du couronnement.

La veille du grand jour, le roi, le prince royal et Bismarck tinrent une longue séance pour arrêter les derniers détails du protocole. Une discussion sérieuse s'éleva sur le titre même du nouvel empereur : serait-il empereur d'Allemagne? serait-il empereur allemand? Le titre « empereur d'Allemagne » semblait impliquer des pouvoirs territoriaux; pour cette raison, Guillaume y tenait, jusqu'à dire qu'il voulait être empereur d'Allemagne ou ne pas être empereur du tout ; pour cette même raison, la Bavière ne voulait point l'admettre. Bismarck s'efforça de convaincre son maître que le seul titre convenable était « empereur allemand », *deutscher Kaiser*, comme on disait *imperator romanus*. Il tenait obstinément à sa conception, comme Guillaume Ier à la sienne. Le grand duc de Bade trouva un moyen ingénieux de se tirer le lendemain de cette difficulté, lors de la proclamation de l'empire : ce fut de n'employer ni l'un ni l'autre des deux titres.

Le 18 janvier 1871, le château de Versailles vit se dérouler la pompe officielle du couronnement. Dans la Galerie des Glaces, cette galerie que Mme de Sévigné appelait une royale beauté unique au monde, au-dessous des peintures de Le Brun qui glorifient les triomphes de Louis XIV, un autel avait été dressé, au centre, contre les fenêtres qui donnent sur le parc. Tout autour de l'autel avaient pris place le roi, les membres de la famille royale, les princes, les officiers, les ministres, tous sanglés et figés dans leur raideur germanique.

La cérémonie s'ouvrit par un service religieux. Puis Guillaume prononça une courte allocution pour remercier les « illustres princes et alliés » et leur dire qu'en réponse à leur demande il acceptait pour lui et ses successeurs la dignité impériale allemande. Alors Bismarck, qui portait l'uniforme blanc des cuirassiers, donna lecture de la proclamation que Sa Majesté adressait « au peuple allemand ». Il y était dit : « Nous acceptons la dignité impériale dans l'espoir qu'il sera permis au peuple allemand de jouir de la récompense de ses luttes ardentes et héroïques dans une paix durable et protégée par des frontières capables d'assurer à la patrie des garanties contre de nouvelles attaques de la France, ce dont elle a été privée depuis des siècles. » Enfin le grand-duc de Bade, qui remplaçait le roi de Bavière absent, poussa un *hoch* en l'honneur de l'empereur : Vive Sa Majesté Impériale, l'empereur Guillaume! L'assistance répéta trois fois ce vivat. Guillaume passa devant tous les groupes. La cérémonie était terminée; l'empire était fait, mais on ne savait pas encore si son chef était empereur d'Allemagne ou empereur allemand. « Sa Majesté, rapporte le chancelier, m'en voulut tellement de la façon dont les choses s'étaient passées qu'en descendant de l'estrade élevée des princes, elle affecta de ne pas me voir, alors que je me trouvai seul dans l'espace libre en avant de l'estrade, et, passant devant moi, elle alla donner la main aux généraux qui se tenaient derrière. »

L'attitude singulière de l'empereur à l'égard du chancelier dans cette circonstance solennelle ne pouvait rien changer à l'histoire. Un homme avait eu la volonté très nette de répondre aux aspirations unitaires du peuple allemand, mais d'y répondre à sa manière, *igne et ferro*, et en ne faisant au droit populaire que des concessions de forme. Par un coup de force, il avait mis l'Autriche à la porte de l'Allemagne; dès 1866, c'en était fait de l'ancien dualisme. Les Hohenzollern demeuraient seuls à la tête du corps germanique. Il restait à présent à **donner au roi de Prusse le prestige de victoires**

qui le feraient monter au premier rang en Europe
et qui feraient tomber en Allemagne même les
dernières hésitations. La guerre contre la France
venait de permettre d'atteindre ce but, dans des
conditions inespérées. La diplomatie avait achevé
l'œuvre de la victoire. Tous les princes et tous les
États allemands s'étaient groupés autour de Guillaume Iᵉʳ et l'avaient salué du titre d'empereur.
L'artisan de cette grande œuvre, celui qui avait
tout dirigé, tout fait réussir, c'était le ministre à la
poigne de fer qui, depuis 1862, conduisait toute la
politique prussienne. Cet empire allemand, qu'il
venait de proclamer lui-même, dans le château de
Versailles, « d'une voix, dit un assistant, vibrante
et pleine de joie », pouvait répondre et répondait au
vœu national; mais il était avant tout un fruit du
génie bismarckien et il avait reçu fortement l'empreinte de son auteur.

PRINCE DE BISMARCK

Le premier Reichstag de l'empire fut élu au
mois de mars 1871; après de courts débats il accepta la constitution impériale, qui n'était qu'une
sorte de reproduction de la constitution fédérale
de 1867. Quatorze voix empêchaient toute modi-
fication de la Constitution; aussi la Prusse, avec
ses dix-sept voix, restait maîtresse du pacte fédéral. Le nouveau régime entra officiellement en
vigueur le 16 avril. Un mois plus tard, le traité de
Francfort était signé.

Guillaume conféra alors le titre héréditaire de

prince au ministre qui avait fait ces grandes choses ; il lui fit en outre donation du duché de Lauenbourg. Sur cette terre enlevée au Danemark en 1864 Bismarck allait constituer le grand domaine de Friedrichsruh. Il devait y passer les dernières années de sa vie et y mourir.

Bismarck devait présider pendant dix-neuf ans, jusqu'en 1890, à la politique extérieure et intérieure de la nouvelle Allemagne. Son action eut alors surtout pour objet de consolider l'édifice qu'il avait bâti en 1871 ; elle perdit par suite un peu de cette brutalité agressive qui l'avait caractérisée dans la période antérieure ; mais le chancelier de fer resta toujours, dans ses rapports avec ses adversaires du dedans et du dehors, l'homme de la manière forte.

L'ENTREVUE DES TROIS EMPEREURS

Depuis 1871, toute la politique extérieure de l'Allemagne et l'on peut ajouter de la plupart des États européens fut dominée par la question de l'Alsace-Lorraine. Le régime de la paix armée, le groupement des États européens dans deux systèmes d'alliance, la guerre actuelle : autant de conséquences de la violence qui fut faite en 1871 à deux provinces françaises. La France était vaincue, elle était mutilée, elle avait à payer une rançon de cinq milliards ; cependant elle inspirait encore assez de craintes à Bismarck pour qu'il se soit efforcé de l'isoler en Europe. L'isolement de la France, c'était pour l'Allemagne la meilleure garantie qu'elle pourrait jouir du produit de son vol ;

la revanche des vaincus cesserait peut-être d'être
pour elle une menace.

L'insurrection de la Pologne en 1863, les guerres
de 1866 et de 1870, la question de la mer Noire avaient
amené, depuis quelques années, tout un échange
de bons services entre Berlin et Pétersbourg.
Les relations entre les deux gouvernements devin-
rent plus étroites à la suite de visites personnelles.
En 1871, le chancelier Gortschakoff, puis le tsar
Alexandre II vinrent en personne à Berlin. Entre
les chanceliers et les souverains il y eut plusieurs
conférences; on y parla de la paix, qui avait été si
laborieusement acquise et du bénéfice qu'il y avait
à la maintenir. L'état actuel n'était-il pas, en effet,
tout à l'avantage de la Prusse et de la Russie?

Quelques semaines plus tard, Guillaume allait
faire une saison d'eaux à Gastein, en Autriche; il
reprenait une vieille habitude que Sadowa avait
interrompue. L'empereur d'Autriche François-Joseph se rencontra avec lui à Ischl; leurs entretiens
furent marqués par la plus grande cordialité. Non
seulement l'Autriche ne gardait nulle rancune des
souvenirs de 1866, mais elle venait encore de reconnaître avec empressement l'Allemagne impériale de 1871. Bismarck vint à son tour à Gastein;
il ne dit pas s'il eut l'occasion d'y voir, comme en
1863, un nid de mésanges et de noter combien de
fois par minute l'oiseau apportait à ses petits une
chenille ou quelque autre insecte. Il eut de fréquents entretiens avec M. de Beust, l'ancien ministre saxon qui était devenu chancelier d'Autriche-
Hongrie. Les deux rivaux de la veille avaient com-

plètement oublié le passé; il ne fut question
entre eux que d'une chose : établir d'excellentes
relations entre l'Allemagne et l'Autriche.

Bismarck venait de faire les premières avances;
l'année suivante il en recueillit le bénéfice. Berlin
vit arriver, au mois de septembre 1872, les empereurs Alexandre et François-Joseph. Il y eut toute
une semaine de fêtes officielles. Entre Bismarck et
Andrassy, le nouveau président du Conseil d'Autriche-Hongrie, il s'établit tout de suite un accord
très intime. Andrassy, en sa qualité de Magyar, plaisait fort à Bismarck, qui comptait se servir de lui
pour aiguiller vers l'Orient la politique autrichienne;
c'était le meilleur moyen de la détourner de l'Allemagne. Entre Bismarck et Gortschakoff, mutuellement jaloux l'un de l'autre, quelques malentendus se produisirent, sans compter que le tsar et les
hommes d'État russes ne cachaient pas leur sympathie pour l'ambassadeur de France, le vicomte
de Gontaut-Biron. Ces quelques nuages échap-
pèrent à la vue de la plupart des assistants. Aussi
l'entrevue des trois empereurs fut-elle regardée
comme la manifestation la plus significative de la
grandeur allemande.

Berlin semblait être devenu la capitale diplomatique de l'Europe; appuyée sur la bienveillance
de la Russie, sur la sympathie très empressée de
l'Autriche-Hongrie, l'œuvre de Bismarck cessait
d'être purement allemande, pour prendre comme
un caractère européen. Guillaume Ier avait pour la
Russie une attirance toute spéciale; de Versailles
il avait envoyé à Alexandre II le fameux télé-

gramme : « Après Dieu, c'est à vous que nous devons notre victoire. » En 1873, il fit le voyage de Saint-Pétersbourg, accompagné de Bismarck et de Moltke, pour rendre à Alexandre II sa visite. Le tsar reçut son ami de Berlin avec un faste exceptionnel; il voulait que sa réception fût digne de la rencontre des deux maîtres du monde.

Au mois de septembre 1873, Victor-Emmanuel Ier vint à son tour saluer à Berlin le vainqueur de Sedan; la visite du roi d'Italie n'aboutit pas pour le moment à un accord diplomatique. Mais il était certain que l'isolement de la France s'accusait de plus en plus.

LE RÉGIME DE L'ALSACE-LORRAINE

Pourquoi l'Alsace-Lorraine avait-elle été arrachée à la France? Bismarck, on l'a déjà vu, l'avait dit maintes fois au cours de la campagne de France, avec une franchise ou plutôt avec un cynisme auquel il n'y a rien à reprendre. Il ne s'agissait nullement pour lui de prétendus droits historiques; cette thèse, aussi pédantesque que fausse, n'avait pas encore été inventée; il s'agissait, purement et simplement, de raisons militaires : il fallait protéger la frontière occidentale de l'Allemagne et, pour cela, absorber Strasbourg et Metz. Après le traité de Francfort, il continua à le dire et à le répéter; une conversation avec le marquis de Gabriac et plusieurs discours qu'il prononça à la tribune du Reichstag en fournissent autant de preuves.

Le marquis de Gabriac avait été chargé par
Thiers de renouer, comme chargé d'affaires à
Berlin, les relations diplomatiques entre la Wilhelmstrasse et le quai d'Orsay; la tâche devait être
singulièrement difficile et douloureuse. Arrivé à
l'hôtel du Pariserplatz le 4 juillet 1871, il avait
inauguré ses fonctions en subissant le vif mécontentement du chancelier, à propos d'un projet de
convention militaire et financière que le gouvernement français avait essayé de négocier directement avec le général de Manteuffel, sans en
référer au chargé d'affaires d'Allemagne à Paris.
Bismarck eut à ce sujet avec Gabriac, le 12 août
1871, un entretien qui dura deux heures; celui-ci
le rapporta en détails dans une longue lettre à
M. de Rémusat, ministre des Affaires étrangères.
Le chancelier lui avait dit textuellement :

« Il ne serait pas logique de vous avoir pris
Metz, qui est français, si des nécessités impé-
rieuses ne nous obligeaient pas de le garder. Je
n'aurais pas voulu, en principe, conserver cette ville
pour l'Allemagne. Quand la question a été examinée devant l'empereur, l'état-major m'a demandé
si je pouvais garantir que la France ne prendrait
pas sa revanche un jour ou l'autre. J'ai répondu
que j'en étais au contraire très convaincu, et que
cette guerre ne serait probablement pas la dernière
de celles qui éclateraient entre les deux pays. Dans
cette situation, m'a-t-on dit, Metz est un glacis
derrière lequel on peut mettre cent mille hommes.
Nous avons donc dû le garder. J'en dirai autant de
l'Alsace et de la Lorraine. C'est une faute que nous

aurions commise en vous les prenant, si la paix devait être durable; car, pour nous, ces provinces seront une difficulté. » M. de Gabriac répondit : « Une Vénétie, avec la France derrière? — Oui, dit le chancelier, une Vénétie, avec la France derrière. »

Le marquis de Gabriac a rappelé à ce propos l'impression profonde que lui avait laissée le prince de Bismarck « Je l'avais surtout trouvé supérieur, dit-il, comme homme de lutte. Le dédain complet de toute réticence, son habitude d'aller de prime abord au fond des questions qu'il traite, la franchise hautaine de ses déclarations, sa parole, un peu lente au début, mais « vigoureuse et bondissante » à la première émotion ressentie, me transportaient dans un tout autre monde que celui où j'avais eu à négocier jusqu'à présent.... En M. de Bismarck, on sentait que chacune de ses pensées ou de ses paroles pouvait se traduire par un acte de gouvernement. C'était un maître, plutôt qu'un ministre, que j'avais devant moi. Il me semblait voir Arminius recevant, au lendemain du désastre des légions romaines, les envoyés du peuple vaincu. »

Parmi les discours officiels que Bismarck prononça à la tribune du Reichstag sur la question d'Alsace-Lorraine, l'un des plus importants fut celui du 2 mai 1871, quand le projet de loi qui concernait l'annexion de l'Alsace-Lorraine à l'empire germanique vint en première délibération. Il faut le laisser parler.

« A plusieurs reprises, dit-il, on nous a fait en-

tendre que nous pouvions nous contenter des frais
de la guerre et de la démolition des forteresses en
Alsace et en Lorraine. J'ai toujours repoussé cette
solution, parce que je ne la considérais pas comme
pratique dans l'intérêt du maintien de ·la paix.
Constituer une servitude sur le fonds et le terrain
étrangers, c'est créer un poids très lourd, très in-
commode pour le sentiment de souveraineté et
d'indépendance du pays sur lequel il pèse.

« Un autre moyen — et celui-là avait des parti
sans même parmi les habitants de l'Alsace — eût
été de faire, avec les deux provinces d'Alsace et de
Lorraine, un État neutre, comme la Belgique et la
Suisse. Il y aurait eu ainsi, de la mer du Nord aux
Alpes suisses, une chaîne d'États neutres qui nous
eût mis sans doute dans l'impossibilité d'attaquer
la France, mais dont la protection eût facilité à la
France le débarquement de troupes sur nos côtes
du Nord. De plus, la neutralité d'un État ne peut
être maintenue que si la population de cet État est
résolue à conserver une attitude neutre. En Alsace
et en Lorraine, où la population reste liée à la
France par ses intérêts, ses sympathies, ses souvenirs, la neutralité n'eût été qu'un leurre pour
nous dans une nouvelle guerre franco-allemande.

« Il n'y avait donc qu'une chose à faire : soumettre purement et simplement ces pays, avec
leurs puissantes forteresses, à la domination allemande, s'en servir à notre tour comme d'un glacis
de l'Allemagne contre la France et reculer, par là.
de quelques étapes le point de départ d'attaques
françaises, si la France, redevenue forte ou sou-

tenue par des alliés, nous jetait de nouveau le gant. »

Dans ce même discours du 2 mai 1871, le chancelier a nettement exposé que l'Alsace-Lorraine était avant tout un instrument d'unification pour l'Allemagne. « Une confédération, dit-il, composée de princes souverains et de villes libres, faisant la conquête d'un pays que, pour sa propre sûreté, elle est obligée de conserver, et qui devient ainsi un bien commun à tous les participants : voilà un fait bien rare dans l'histoire. » Il faut retenir cette définition de l'Alsace-Lorraine : « un bien commun à tous les participants » ; cela voulait dire clairement que la cohésion de l'empire était faite pour une bonne part de la complicité de tous dans le crime commis aux dépens de la France.

En bon élève du cynique Frédéric II, il est arrivé à Bismarck de goguenarder vis-à-vis de ses victimes. A je ne sais quel notable de la Hesse ou du Hanovre, pour le consoler d'être devenu prussien malgré lui, il disait : « La Prusse, voyez-vous, c'est un gilet de flanelle. Ça gratte d'abord désagréablement ; mais c'est sain et ça tient bien à la peau. » Du moins il a épargné ces plaisanteries de mauvais goût aux Français de Strasbourg et de Metz ; c'est qu'il n'avait aucun doute sur la profondeur de leur fidélité à la France. « Il y a, naturellement, disait-il au mois d'avril 1872, un grand nombre de personnes en Alsace-Lorraine qui désirent conserver la nationalité française et refusent de devenir allemandes. Nous l'avions prévu, mais nous étions obligés de prendre cette bande de terre pour nous couvrir — toujours le même *leit motiv* — contre les incursions de flibustiers que, depuis deux siècles, les Français avaient dirigées contre nous. Il va de soi que nous ne saurions autoriser ceux qui optent pour la nationalité française à rester en Alsace-Lorraine, parce qu'alors tout le monde opterait pour la France. »

Le gouvernement présenta au Reichstag, en 1873, un exposé sur la législation et l'administration de l'Alsace-Lorraine pendant l'année 1872-1873 ; ce fut pour 'le chancelier l'occasion de revenir encore sur ce sujet, si douloureux pour nos frères et pour nous, si encombrant pour les gens de l'Allemagne. Voici quelques passages de son discours du 16 mai (1873) :

« Ce n'est point par manie de posséder des territoires et des hommes ni par le désir légitime de redresser un ancien grief, qui date de deux cents ans, mais dans la dure nécessité de nous attendre à de nouvelles attaques d'un pays belliqueux, que nous avons étendu nos demandes de cession de territoire et de forteresses aussi loin que cela a eu lieu, afin que nous ayons un boulevard derrière lequel nous puissions attendre des attaques ultérieures, semblables à celles que chaque génération a subies en Allemagne depuis trois siècles...

« Doutez de notre habileté, — car nous, fonctionnaires de l'Allemagne du Nord et surtout Prussiens, nous ne sommes pas célèbres pour notre façon habile de gagner des amis et de faire des choses désagréables d'une façon aimable, — doutez donc de notre habileté ; mais ne doutez pas de notre dévouement, de notre bonne volonté, de notre courage, de notre ferme résolution de montrer un front inébranlable à tous les ennemis de l'empire. »

Le 5 mars 1874, quand un nouveau régime administratif fonctionnait dans le Reichsland depuis deux mois, Bismarck prit de nouveau la parole sur les Alsaciens-Lorrains :

« J'ai déjà dit que nous ne nous sommes pas flattés de réussir promptement à les rendre heureux, et ce n'est pas dans ce but non plus que nous avons fait l'annexion; nous avons élevé un rempart contre les irruptions que, depuis deux cents ans, a faites chez nous un peuple passionné et guerrier, dont l'Allemagne a le malheur et le désagrément d'être en Europe le seul voisin directement exposé. En face de ces belliqueux, nous avons dû briser la pointe de Wissembourg, qui pénétrait profondément dans notre chair: et précisément dans cette pointe de l'Alsace habite une partie de la population ci-devant française qui ne le cède en rien aux Gaulois comme passion guerrière et comme haine véritablement germanique (sic) contre la race germanique. »

Le « pays d'Empire » ou Reichsland fut soumis d'abord à un régime d'exception. Si c'était un État de plus, qui portait à vingt-six le nombre des États de l'Empire, ce n'était point un État autonome, jouissant comme les autres du droit de s'administrer. Une véritable dictature, organisée par Bismarck, commença, dès le lendemain du traité de Francfort, à peser sur l'Alsace-Lorraine. Les

deux provinces furent livrées à une nuée de fonctionnaires, tous allemands; l'usage de la langue
française fut interdit dans les actes officiels; les
condamnations à l'amende et à la prison frappè-
rent sans pitié tous ceux, et ils étaient légion,
dont le gouvernement allemand croyait avoir à
se plaindre. L'introduction du service militaire
allemand en 1872 fut l'occasion de rigueurs nouvelles; c'est depuis lors qu'un grand nombre d'Alsaciens-Lorrains passèrent en fraude la frontière
pour venir s'enrôler en France dans la légion
étrangère.

En 1874, au bout de trois ans de ce régime de
compression, Bismarck voulut bien reconnaître
aux Alsaciens-Lorrains le droit dont jouissaient les
citoyens allemands, d'élire des députés au Reichstag.
La « terre d'Empire » ne pouvait pas être représentée elle-même au Bundesrath, puisqu'elle n'avait
pas l'autonomie, mais rien n'empêchait que ses
habitants, puisqu'ils étaient tenus pour Allemands,
fussent représentés au Reichstag. Alors, pour la
première fois, des élections se firent dans les provinces annexées. Quinze députés étaient à élire;
tous les quinze, malgré la pression exercée par
une administration purement allemande, maîtresse
de toutes les fonctions publiques, tous les quinze
furent des députés protestataires. En leur nom à
tous, l'un d'eux, M. Teutsch, député de l'arron-
dissement de Saverne, lut à la tribune du Reichstag
une protestation qui rappelait la protestation de
leurs prédécesseurs à la tribune de Bordeaux,
en 1871. Entre autres paroles, M. Teutsch, dans

cette mémorable séance du 18 février 1874, prononça celles-ci :

« Nous ne trouvons, dans les enseignements de
la morale et de la justice, rien, absolument rien,
qui puisse faire pardonner notre annexion à votre
empire; et notre raison se trouve en cela d'accord
avec notre cœur. Notre cœur, en effet, se sent
irrésistiblement attiré vers notre patrie française.
Deux siècles de vie et de pensée en commun créent,
entre les membres d'une même famille, un lien
sacré, qu'aucun argument et moins encore la violence ne sauraient détruire. »

Les députés de la fraction polonaise et deux ou
trois membres du parti socialiste, applaudirent à
ces nobles paroles; sur tous les autres bancs, ce
furent des protestations et des huées. Les députés
d'Alsace-Lorraine n'avaient plus qu'à se retirer.

Il plut au chancelier de revenir, dans son discours du 5 mars, sur les incidents scandaleux qui
avaient accueilli Teutsch lors de sa protestation.

« Ces rires et ces exclamations, dit-il, ne s'adres-
saient nullement, autant que j'en ai pu juger, à la
cause que défendait M. Teutsch, mais à son manque
d'habitude de savoir mesurer sa déclamation et ses
gesticulations devant les auditeurs allemands. Il
est arrivé à ce monsieur, avec son discours, sans
que ce fût sa faute, comme il arrive parfois, devant
les auditeurs allemands, à un tragédien français,
auquel il est souvent extraordinairement difficile
de se contenir strictement dans les bornes où,
d'après le sentiment allemand, cesse le tragique. »

Est-ce que cette manière d'explication ou plutôt

cette ironie grossière et méprisante, de la part du
plus haut fonctionnaire impérial, n'est pas pire que
l'offense?

En cette même année 1874, Bismarck avait inauguré en Alsace-Lorraine une administration qui
paraissait offrir aux annexés quelques garanties.
Trente délégués élus par les conseils généraux de
Strasbourg, de Colmar et de Metz formèrent la
Commission régionale, *Landesausschuss*, qui avait
à gérer les affaires du pays; mais ce n'était pas
autre chose qu'une chambre consultative ou qu'une
chambre d'enregistrement. Tous les pouvoirs étaient
entre les mains d'un gouverneur, lieutenant de
l'empereur, Statthalter, qui était assisté d'un secrétaire d'État et de quatre ministres. Ce régime
devint définitif avec la loi du 4 juillet 1879, qui
établit le statut administratif du Reichsland. La
suppression de la dictature et l'organisation d'un
régime régulier ne produisirent pas un meilleur
effet que la manière forte, ni au pays des Oberlé
ni au pays des Colette Baudoche. L'Alsace-Lorraine,
irréductible, restait fidèle à ses souvenirs et à ses
espérances.

L'ALERTE DE 1875

Bismarck faillit faire payer à la France, en 1875,
la mauvaise humeur que lui causaient ses insuccès
dans la « terre d'Empire ».

A l'époque de la Commune, le chancelier avait
accepté des ouvertures qui lui avaient été faites
par Cluseret, du parti des fédérés, et il avait mon-

tré moins d'empressement à écouter Versailles que
Paris. C'était une manière de chantage qu'il essayait
vis-à-vis des plénipotentiaires du gouvernement
français.

La France s'était complètement libérée en 1873
de ses obligations financières vis-à-vis de l'Allemagne. La convention du 15 mars 1873, négociée
par Thiers, avait réglé le paiement des dernières
centaines de millions et l'évacuation du territoire,
qui fut un fait accompli au mois de septembre.
Verdun, la cité héroïque, qui arrête depuis plus de
trois ans la ruée de l'Allemagne, avait été évacuée
la dernière. Enfin, la France était chez elle ; elle portait à son flanc une blessure saignante ; mais telle
quelle, elle s'appartenait. Le chancelier de fer
suivait avec inquiétude le relèvement militaire et
économique de la France, qui avait été commencé
avec la présidence de Thiers et qui se continuait
avec la présidence de Mac-Mahon. « La France se
rétablit trop vite », disait-il déjà en 1872, l'année
où Thiers fit voter la loi militaire, qui donnait à
notre pays une armée nouvelle.

Voici qu'au printemps de 1875 des bruits pessi-
mistes circulèrent tout à coup ; on disait que la
France était à la veille d'être attaquée par l'Allemagne. Un journal à la dévotion de la Wilhelmstrasse, la *Post*, publiait, le 8 avril, un article inti-
tulé : « La guerre est-elle en vue ? » La conclusion
en était : « Oui, certes, la guerre est en vue ; ce
qui n'empêche pas que le nuage peut se dissiper. »
Personne ne douta que Bismarck n'eût inspiré
l'article. La cause ou le prétexte de cette agitation

belliqueuse était la discussion à l'Assemblée nationale de Versailles d'une loi sur les cadres, qui
augmentait le nombre des bataillons par régiment.

L'Allemagne n'était plus représentée à Paris par
le fameux comte Harry d'Arnim, ambitieux sans
scrupules, au dire de Bismarck, qui ne lui trouvait
pas l'échine assez souple. « Mes ambassadeurs.
avait déclaré le chancelier au comte d'Arnim lui-
même. sont des roues qui doivent tourner, sur un
signe de moi, comme un simple sergent exécute
un mouvement, sans savoir pourquoi. sur l'ordre
qui lui en est donné par le général en chef. »
Comme la roue de Paris tournait mal, Bismarck
avait déplacé d'Arnim, puis lui avait fait un procès
pour soustraction de pièces officielles; l'ancien
ambassadeur avait été condamné à neuf mois de
prison (1874). Son successeur à la rue de Lille
avait été le prince Clovis de Hohenlohe-Schillings-
furst, ancien premier ministre de Bavière.

Hohenlohe s'était rendu au quai d'Orsay, le
5 mai (1875). pour exprimer au duc Decazes, ministre des Affaires étrangères dans le ministère
Buffet, les griefs de son gouvernement. « Notre
état-major considère toujours, lui dit-il, que la
guerre contre l'Allemagne est le but final de votre
organisation militaire. » Heureusement pour elle,
la France de 1875 avait des sympathies en Europe
qui avaient manqué à la France de 1870. Notre
ambassadeur à Pétersbourg, le général Le Flô.
avait directement confié à Alexandre II ses inquié-
tudes patriotiques: le tsar ne s'était pas borné à
le rassurer, il avait agi en personne pour le main-

tien de la paix. Venu à Berlin le 10 mai avec le chancelier Gortschakoff, il avait trouvé son vieil oncle, l'empereur Guillaume, dans des dispositions sincèrement pacifiques. Bismarck recevait en même temps du cabinet Disraeli une invitation pressante à maintenir la paix en Europe; il mit alors toute cette agitation belliqueuse sur le compte du vieux maréchal de Moltke, mais il trouva à qui parler. Gortschakoff avait eu avec lui à Berlin une conférence, à laquelle assista en tiers l'ambassadeur d'Angleterre, Odo Russell. Bismarck se plaignit qu'on pût mettre en doute son désir de maintenir la paix; il passait des nuits blanches à chercher les moyens de l'assurer. « Ce sont ces nuits blanches, répondit Gortschakoff, qui nous inquiètent. Rappelez-vous que vous portez le poids de votre gloire; quand vous souffrez d'insomnie, l'Europe a la fièvre. »

Le dépit de Bismarck fut extrême. Il s'en prit à tout le monde, à notre ambassadeur à Berlin, le vicomte de Gontaut-Biron, qui, d'après lui, avait tout mis en branle, et au chancelier de Russie. Il conseillait à Gortschakoff de faire frapper des écus avec cet exergue : « Gortschakoff protège la France »; il lui conseillait encore de paraître sur un théâtre déguisé en ange gardien avec une robe blanche et des ailes, au milieu d'un beau feu de Bengale. Lui-même à un moment donna sa démission, qui ne fut pas acceptée; il en fut quitte pour aller passer sa colère dans son domaine de Varzin. Quatre ans seulement après le traité de Francfort, il avait rencontré devant lui l'intervention polie, mais ferme, de la Russie et de l'Angleterre, qui avaient empêché une nouvelle guerre contre la France.

En quittant Berlin, Alexandre II avait adressé à sa sœur, la reine de Wurtemberg, une dépêche rassurante : « J'emporte de Berlin des assurances formelles de paix. » La dépêche fut reproduite dans les journaux avec cette coquille, qui augmenta encore la fureur de Bismarck : « L'emporté de Berlin donne des assurances formelles de paix. » L' « emporté de Berlin » peut rappeler le *tolle Junker* de la jeunesse du chancelier.

De cette alerte guerrière de 1875, deux constatations se dégageaient : l'une, que Bismarck et le parti militaire restaient toujours fidèles à cette idée, qu'il fallait à tout prix écraser la France; l'autre, que les relations de la Russie et de l'Allemagne n'avaient déjà plus ce caractère de cordialité qui avait marqué, en 1872, l'entrevue des trois empereurs. Le Congrès de Berlin allait bientôt amener entre Berlin et Pétersbourg une cause nouvelle et profonde de dissentiment.

LE CONGRÈS DE BERLIN

Une insurrection avait éclaté, pendant l'été de 1875, dans la province turque d'Herzégovine; une fois de plus, l'incendie se rallumait dans les Balkans, et tous les problèmes de la protéiforme question d'Orient allaient se trouver posés à nouveau. Vingt ans plus tôt, lors de la guerre de Crimée, la Prusse s'était complètement désintéressée de la

question d'Orient; mais que de changements
depuis lors dans la situation générale! La Prusse
n'était plus une simple puissance allemande; elle
était montée au premier rang des grandes puissances européennes; son commerce commençait à
représenter de gros intérêts dans les provinces de
l'empire turc; enfin, elle était alliée à deux grands
États, que la question d'Orient touchait directement. La Russie d'Alexandre II, fidèle à ses traditions historiques, ne cessait de tendre son attention
vers Constantinople et vers ses frères de religion
orthodoxe. L'Autriche, à qui Sadowa avait interdit
de se mêler des affaires allemandes, avait une pro-
pension naturelle à chercher une compensation
dans les affaires balkaniques; mais sa politique ne
pouvait s'exercer dans les pays du bas Danube sans
se heurter à la politique de la Russie.

Quelle allait être l'attitude de l'Allemagne, prise
entre les ambitions contradictoires de ses deux
alliées? Certainement, les sympathies de Bismarck
allaient à l'Autriche-Hongrie; le chancelier Andrassy était bien l'homme de sa politique, tout
porté à regarder du côté de l'Orient; Gortschakoff,
au contraire, lui rappelait l'intervention désagréable
du mois de mai 1875, où la Russie avait fait un
geste amical en faveur de la France. Toutefois, le
chancelier allemand estima plus sage de garder la
neutralité envers ses deux voisins, au moins jusqu'à ce que les événements lui eussent permis de
prendre nettement parti.

Deux années s'écoulèrent en pourparlers et en
conférences diplomatiques, alors que les massacres

des chrétiens redoublaient dans les provinces turques, et que Gladstone dénonçait à l'indignation de l'Europe les *bulgarian horrors*. Certains s'étonnaient en Allemagne de l'abstention du gouvernement et semblaient la regretter. Bismarck exposa à la tribune du Reichstag, le 7 décembre 1876, comment il comprenait les affaires d'Orient.

« On nous reproche, dit-il, d'être trop enclins à la paix et de ne point faire l'usage qu'il faudrait de la puissance qui est entre nos mains. Provisoirement, le moment de faire usage de cette puissance n'est pas venu, et plaise à Dieu qu'il ne vienne point pour nous.... La politique que nous faisons doit être faite en consultant notre propre intérêt, et nous ne nous laisserons déterminer, par aucune offre, à faire une politique autre que celle-là... Je ne conseillerai donc pas une participation active de l'Allemagne dans ces affaires, car je n'y vois pas en somme pour l'Allemagne un intérêt qui vaille seulement — excusez la rudesse de l'expression — les os d'un fusilier poméranien. »

Que doivent penser aujourd'hui les âmes de tant de milliers de fusiliers poméraniens, qui, depuis 1914, se sont fait casser les os pour Ferdinand le Félon et pour Mahomet V, dont la sénilité imbécile s'amuse à faire massacrer les Grecs et les Arméniens?

Bulgares, Roumains et Serbes, pour Bismarck, tous ces Balkaniques ne formaient qu'une même engeance; ils étaient tous, disait-il, des « voleurs de moutons ». Dieu merci! Il n'est pas nécessaire d'être grand clerc dans la question d'Orient pour ne pas confondre les bourreaux et les victimes. Voleurs, oui, les Bulgares qui joignent le cynisme au brigandage et qui se pavanent, pas pour longtemps, avec les produits de leurs vols. Mais les Serbes héroïques, qui ont tant souffert, qui continuent à souffrir si cruellement, mais les chers Roumains venus à nous par amour, et deux fois trahis, trahis par la Russie tsariste, trahis par la Russie maximaliste, comment, je ne dis pas l'Entente, mais l'histoire impartiale, comment l'histoire dira-t-elle assez et à ceux de Belgrade et à ceux de Bucarest son admiration et sa reconnaissance ?

Cependant la Russie, lasse d'attendre une intervention collective des grandes puissances, s'était décidée, au mois d'avril 1877, à attaquer directement la Turquie ; seule, la Roumanie, toujours vaillante, toujours préoccupée d'accomplir ses destinées historiques, joignit ses armées aux armées de la Russie. Après la prise de Plevna, où les Roumains jouèrent un si grand rôle, les Russes franchirent les Balkans, ils traversèrent en vainqueurs tout le pays bulgare, ils ne s'arrêtèrent qu'aux portes mêmes de Constantinople. Le 3 mars 1878, à San-Stefano, ils dictaient aux Turcs les conditions de la paix ; l'une des plus importantes était la création d'une principauté de Grande-Bulgarie, qui allait du Danube à la mer Égée. La statue d'Alexandre II, le libérateur des Bulgares, s'élève sur la principale promenade de Sofia, en souvenir de ce grand fait. Que peuvent penser le roi Ferdinand et ses ministres, à présent qu'ils sont les

meilleurs amis des Turcs, quand ils passent devant
ce monument? Rien sans doute ; car à Sofia comme
à Berlin les protestations de la conscience ne sont
pas pour inquiéter les hommes d'État.

Bismarck avait gardé le silence pendant toute
la durée de la guerre russo-turque ; après le traité
de San-Stefano, il fit de nouveau une déclaration
au Reichstag. Ce fut pour reprendre, en l'approu-
vant pleinement, l'idée que venait de lancer son
ami Andrassy, de tenir une conférence internationale pour les modifications à apporter au traité du
3 mars. Il définissait ainsi le rôle que l'Allemagne
se disposait à jouer dans ces assises européennes :
« Je ne suis pas d'avis que nous ayons à suivre la
voie napoléonienne, et que nous voulions être, je
ne dis pas même l'arbitre, mais seulement le maître
d'école en Europe. Notre rôle est plus modeste ; je
me le figure comme celui d'un honnête courtier
qui veut réellement mener l'affaire à bonne fin. »

Gortschakoff sentait le piège vers lequel son
rival l'attirait ; mais refuser la conférence, c'était à
bref délai une nouvelle guerre, et, après le long
effort qu'elle venait de soutenir, la Russie avait
avant tout besoin de se refaire. Le gouvernement
allemand fit savoir que la conférence s'ouvrirait à
Berlin. Le choix de la capitale du royaume de
Prusse et de l'empire d'Allemagne pour la tenue
d'un congrès européen, c'était bien la consécration
matérielle de l'ascendant que Bismarck et sa politique exerçaient en Europe.

Le congrès siégea un mois, du 13 juin au 13 juillet ; le traité final fut un remaniement complet du

traité de San-Stefano. Deux questions de grande
importance, sur lesquelles l'honnête courtier obtint
gain de cause, furent tranchées dans un sens très
désagréable à la Russie. La Grande-Bulgarie fut
coupée en trois tronçons, dont un seul conserva
une indépendance relative; les provinces turques
de Bosnie et d'Herzégovine, de race serbe, furent
occupées et administrées par l'Autriche-Hongrie.
Pour la première question, Bismarck avait lié partie avec lord Beaconsfield; pour la seconde, avec
le comte Andrassy. Dans les deux cas, la Russie
avait été jouée. Bismarck avait fait rendre à la
Turquie les deux tiers de la Bulgarie de San
Stefano; il assurait ainsi à l'avenir le crédit, politique et économique, de l'Allemagne sur les bords
du Bosphore. D'autre part, il faisait obtenir à ses
amis d'Autriche, douze ans seulement après Sadowa, une belle compensation territoriale; il dé-
tournait de plus en plus de l'Allemagne la monarchie des Habsbourg; il en faisait une puissance
balkanique, ce qui était encore un moyen de l'opposer dans l'avenir aux ambitions de la Russie.

Ainsi l'honnête courtier estimait qu'il avait bien
travaillé; sans avoir prélevé pour lui-même aucun
pourboire, il avait refait à sa guise la carte des
Balkans, et son opération, deux fois avantageuse,
ne lui avait pas coûté les os d'un seul fusilier poméranien.

Bismarck avait eu au congrès des égards particuliers pour la délégation française, dont le chef
était Waddington, ministre des Affaires étrangères
dans le cabinet Dufaure; il donna volontiers les

mains aux pourparlers que Waddington eut alors
avec lord Salisbury pour l'occupation éventuelle
de la Tunisie. Il ne lui déplaisait pas que les Français regardassent d'un autre côté que la frontière
du Rhin ; puis là question de Tunisie pouvait un
jour peut-être brouiller l'Italie et la France , et
cela réservait à l'avenir une alliance italo-prussienne, qui n'était pas à dédaigner.

LA TRIPLICE

Les résultats du congrès de Berlin avaient causé
à la cour de Russie et dans toute l'opinion russe
un vif mécontentement. Bismarck n'y prenait point
garde ; il était trop occupé à cultiver ses bonnes
relations avec Vienne. Elles aboutirent, au mois
d'octobre 1879, à un traité d'alliance entre l'Allemagne et l'Autriche, qui fut le premier anneau de
la future Triplice.

Le vieil empereur restait seul porté pour l'ancienne alliance avec la Russie ; elle représentait à
ses yeux autant des relations de famille que de
politique ; il avait eu à Alexandrowo, au mois de
septembre 1879, une entrevue personnelle avec son
neveu Alexandre II, elle ne changea rien d'ailleurs
à la situation générale. « Il a été à Alexandrowo,
disait Bismarck, malgré tout ce que j'ai pu faire
pour l'en empêcher... Les Russes lui ont tourné
la tête en lui racontant des histoires sentimentales
sur la reine Louise. » Et Guillaume avait été
obligé, presque malgré lui, de signer « l'alliance
de paix et de défense réciproque », qui avait été

directement négociée entre Bismarck et Andrassy.

Pour conclure l'alliance avec l'Autriche-Hongrie, Bismarck avait fait en personne le voyage de Vienne. Ce voyage prit pour lui le caractère d'un triomphe; en chemin de fer, en voiture, partout, il était salué, acclamé. Vraiment, l'Allemand d'Autriche ne connaissait pas plus la rancune que la dignité. Pour le chancelier de fer, il était ravi. « Vous avez le cauchemar des coalitions », lui avait dit le comte Schouwaloff, second plénipotentiaire russe au congrès de Berlin. A quoi il avait répondu : « Nécessairement ». Et voici que le cauchemar se dissipait.

L'alliance de 1879 entre l'Allemagne et l'Autriche-Hongrie est dans la politique générale de l'Europe un événement capital. D'une part, c'est le point de départ de l'intimité entre Berlin et Vienne, dont on voit aujourd'hui les conséquences ; l'empereur-roi de Vienne-Budapest allait être un « brillant second », en attendant de devenir un simple vassal ou un prisonnier. D'autre part, le traité de 1879 créait à la Russie la nécessité de chercher une alliance qui fût un contrepoids au groupement germano-autrichien ; elle commença ainsi à regarder du côté de la France. L'alliance franco-russe devait être un jour le résultat de la façon cavalière dont Bismarck avait traité la Russie au congrès de Berlin.

Le chancelier trouva bientôt au delà des Alpes un nouvel appui pour sa politique. L'expédition française en Tunisie et le traité du Bardo en 1881 avaient provoqué en Italie un mécontentement aigu. Le roi Humbert Ier avait une vive admiration pour la grandeur de l'Allemagne ; son gouvernement ne demandait qu'à tendre la main au gouvernement de Berlin. Bismarck accepta très volontiers ces ouvertures, s'il ne les provoqua pas. Comme sa politique extérieure était déjà fondée sur l'alliance autrichienne, il amena l'Italie à entrer dans la même combinaison ; ce qui était en somme aussi fort, avec les questions de Trente et de Trieste, avec l'« irrédentisme » italien, que de marier la république de Venise avec le Grand Turc.

Ainsi fut constitué en 1882 le pacte de la Triplice ; il devait être renouvelé à plusieurs reprises. Quand Crispi fut président du Conseil en Italie, notamment lors de ses deux visites à son ami Bismarck, qui le reçut sur ses terres de Friedrichsruh, en 1887 et 1888, notamment encore lors du voyage de Humbert Ier à Berlin en 1889, pour rendre à Guillaume Ier la visite qu'il avait faite au Quirinal à son avènement, la Triplice eut nettement un caractère d'hostilité contre la France. Avec le règne de Victor-Emmanuel III, elle perdit peu à peu ce caractère. Depuis la guerre actuelle, la Triplice a cessé d'être. L'Italie s'est retrouvée là où ses traditions, ses sympathies, ses intérêts lui marquaient sa place véritable, aux côtés de la France, contre l'Autriche.

En 1882, Bismarck pouvait jeter un regard de satisfaction sur la carte de l'Europe. A l'Ouest, la France était isolée. Au Centre, Berlin, Vienne, Rome formaient un faisceau étroitement uni. A

l'Est, la Russie d'Alexandre III tournait son attention vers les difficultés de sa politique intérieure.
L'auteur de la Triplice se crut de force à renouer
l'alliance des trois empereurs. En 1884, une convention fut signée de nouveau entre Guillaume Iᵉʳ,
François-Joseph et Alexandre III, qui eurent en
outre à Skierniewice, dans la Pologne russe, une
entrevue personnelle. Bismarck se flattait de cette
« réassurance » ; elle faisait de lui, plus que jamais.
le maître de la politique européenne. Cependant la
force des choses allait bientôt être plus forte que
ces combinaisons artificielles. La Russie et la
France n'allaient pas tarder à se rapprocher l'une
de l'autre. En 1891, lors des événements de Cron-
stadt, Bismarck n'était plus au pouvoir ; mais il
put constater, dans l'amertume de sa retraite, que
l'édifice diplomatique qu'il avait laborieusement
construit laissait désormais apercevoir une grande
lézarde.

MANTEUFFEL ET HOHENLOHE EN ALSACE-LORRAINE

Le premier gouverneur d'Alsace-Lorraine, quand
ce pays fut doté d'un régime régulier, avait été le
maréchal de Manteuffel. Gentilhomme de la vieille
école, n'ayant à peu près rien de la raideur germanique, son choix, qui était dû à Guillaume lui-
même, pouvait être regardé comme heureux ; pour
le surveiller, le chancelier lui avait donné comme
secrétaire intime son propre fils, le comte Guillaume de Bismarck. Manteuffel était arrivé avec
un programme de conciliation. Il avait dit à

Colmar : « Je respecte l'attachement que les Alsaciens éprouvent pour le grand pays auquel ils ont été unis pendant deux cents ans. Une aussi longue période ne s'efface pas. » Même langage à Metz : « Je ressens avec vous combien il doit vous être pénible d'être séparés de la France, si distinguée par son génie et sa vie antérieure... Je veux faire la cour aux Alsaciens-Lorrains, parce que je comprends leurs sentiments. » Ceci encore à Strasbourg : « De même que jadis les doges de Venise épousaient la mer, je veux en faire autant avec l'Alsace-Lorraine. »

Les Allemands reprochèrent à Manteuffel ses faiblesses ; mais les Alsaciens-Lorrains ne se laissèrent pas gagner, parce que les mesures administratives n'avaient plus le même caractère de brutalité. Les élections de 1881 envoyèrent encore au Reichstag quinze députés protestataires. Manteuffel revint en partie aux mesures de rigueur : il supprima des journaux, il interdit des sociétés françaises. Le chancelier trouvait tout cela insuffisant ; la germanisation ne faisait aucun progrès.

Manteuffel mourut en 1885, dans la sixième année de son gouvernement. Bismarck lui donna pour successeur le prince de Hohenlohe. L'ancien ambassadeur à Paris fut un exécuteur plus docile des instructions venues de Berlin. Les rigueurs reprirent de plus belle. Un député de Metz, M. Antoine, fut expulsé, comme coupable d'intelligences avec l'ennemi héréditaire ; des Alsaciens-Lorrains, qui avaient adhéré à la Ligue des Patriotes, furent condamnés par la cour de Leipzig à des années de forteresse; un passeport, visé à l'ambassade allemande de Paris, fut exigé de tout Français qui se rendait dans le Reichsland; le séjour même en Alsace-Lorraine pour les étrangers fut soumis à de nombreuses formalités. Ces vexations amenèrent une grande tension dans les rapports entre la France et l'Allemagne.

Quand le gouvernement avait demandé, en 1880, le renouvellement pour sept ans des crédits militaires, des députés s'étaient plaints de l'aggravation des charges financières qui pesaient sur l'Allemagne; Moltke leur avait répondu : « Voulez-vous rendre l'Alsace-Lorraine à la France? Cela changerait la question. Si vous ne le voulez pas, il ne vous reste qu'à adopter le projet. » De nouveau, en 1886, le Reichstag fut saisi d'une demande d'augmentation notable pour les crédits militaires, qui se rapportait à une autre période de sept ans. Afin de les obtenir, Bismarck dénonça, à la tribune du Reichstag, les dangers que l'Allemagne pouvait courir du côté de la France.

« Entre nous et la France, dit-il, l'œuvre de paix est difficile, parce qu'il y a depuis bien longtemps un procès historique qui divise les deux pays : c'est le tracé de la frontière, qui est devenu douteux et litigieux depuis l'époque où la France eut acquis sa complète unité et sa puissance royale... Ce procès n'est point fini et nous devons nous attendre à le voir continuer du côté français. Nous sommes actuellement en possession de l'objet en litige, si je peux qualifier ainsi l'Alsace; nous n'avons donc aucun motif de combattre pour cet

objet-là. Mais que la France ne rêve pas de le re-
conquérir, nul ne peut le prétendre, nul de ceux
qui s'occupent quelque peu de la presse française...
J'ai confiance dans les dispositions pacifiques du
gouvernement français, de la majorité du peuple
français; mais je ne puis m'en bercer avec une
telle assurance que je puisse dire : nous n'avons
plus à craindre une guerre française. Dans ma
conviction, nous avons à la craindre par l'attaque
de la France : que ce soit dans dix jours ou dans
dix ans, c'est une question que je ne saurais décider. »

Malgré tout, le Reichstag resta sourd à ces arguments; il ne consentit à voter les crédits demandés
que pour trois ans; il fut dissous. Une campagne
électorale très ardente s'engagea ; les journaux officiels se servirent du général Boulanger, alors ministre de la Guerre, comme d'un épouvantail. Le
nouveau Reichstag vota l'augmentation des crédits et le septennat demandés. Et alors sur la terre
de douleur d'Alsace-Lorraine régna ce que M. Preiss
a appelé « la paix du cimetière ».

L'AFFAIRE SCHNÆBELÉ

Peu après se produisit un incident de frontière,
qui eut tous les caractères d'une provocation de
l'Allemagne. M. Schnæbelé, commissaire spécial à
Pagny-sur-Moselle, avait reçu de son collègue le
commissaire allemand d'Ars-sur-Moselle une invitation à se rendre sur la frontière, pour régler ensemble une affaire. Schnæbelé se rendit au rendez-

vous, le 27 avril (1887). Il avait dépassé le poteau frontière, quand deux agents se précipitèrent sur lui pour le saisir. Il parvint à se dégager, à regagner le territoire français; mais il y fut poursuivi par les agents allemands, arrêté par eux et emmené. Le guet-apens se doublait en conséquence d'une violation du territoire français. Notre ministre des Affaires étrangères, Flourens, fit remettre par l'ambassadeur Herbette une note très ferme. Bismarck se déroba pendant quelques jours; il chargea son fils aîné, le comte Herbert, de suivre l'affaire. La France insista; son bon droit était formel; l'empereur Guillaume, qui sentait sa fin approcher, ne voulait pas d'une guerre nouvelle. Au bout d'une semaine, le commissaire français fut remis en liberté. Si Bismarck avait médité un mauvais coup contre « l'ennemi héréditaire », l'affaire était manquée.

La même année, la première période de la Triplice arrivait à expiration; Bismarck renouvela son alliance avec Vienne et avec Rome pour cinq nouvelles années, jusqu'en 1892. Cela ne l'empêchait pas d'augmenter encore les armements. En 1888, nouvelle demande de crédits pour accroître l'armée allemande de sept cent mille hommes. Une fois encore, la France fit les frais de la harangue belliqueuse du chancelier.

« Les perspectives du côté de la France, disait-il au Reichstag le 8 février 1888, semblent plus pacifiques, beaucoup moins explosives qu'il y a un an... Mais on ne fait pas toujours la guerre par haine. Car, s'il en était ainsi, la France devrait être

incessamment en guerre, non seulement avec nous,
mais aussi avec l'Angleterre et l'Italie; elle hait
tous ses voisins... Nous pouvons facilement être
gagnés par l'amitié et la bienveillance, trop facilement peut-être, — le bon apôtre! — mais par les
menaces, bien certainement non. Nous, Allemands,
nous craignons Dieu, mais rien autre chose au
monde. »

Si le chancelier n'avait pas été saisi du *furor
teutonicus*, on aurait pu lui demander d'où venaient les menaces. N'en était-il pas lui-même le
meilleur ou l'unique artisan? Que signifiaient ces
paroles, gratuitement mensongères, qu'il proférait
contre la France? Si la France avait de la haine,
ce n'était ni contre l'Angleterre ni contre l'Italie;
elle ne pouvait avoir avec ces puissances que des
rivalités ou des malentendus, qui se dissiperaient
à la première explication. La haine qu'elle gardait
en son cœur s'attachait à l'Allemagne, qui lui
avait volé son bien, et ne s'attachait qu'à elle. Le
traité de Francfort avait incorporé à l'Allemagne
deux provinces françaises, malgré les protestations
formelles de leurs habitants; ne nous lassons pas
de le répéter. Depuis lors, un ulcère — c'est le
mot tout récent de Lloyd George — a infecté la
paix européenne. Toutes les rodomontades d'un
Bismarck ne peuvent rien changer à la vérité. La
paix du monde ne sera rétablie que le jour où la
grande injustice faite à la France aura été réparée,
que le jour où la patrie de Bismarck aura été mise
dans l'impossibilité de nuire davantage au droit et
à la liberté d'autrui.

VI

DERNIÈRES LUTTES

Les partis au Reichstag. — Le Kulturkampf. — La socialdémocratie. — Les colonies allemandes. — Difficultés
avec le Reichstag. — Rapports avec Guillaume Ier et
l'impératrice Augusta. — L'empereur Frédéric III. —
L'empereur Guillaume II. — La conférence internationale sur les questions ouvrières. — La démission. —
Les dernières années à Friedrichsruh. — L'œuvre de
Bismarck.

LES PARTIS AU REICHSTAG

La constitution que Bismarck avait donnée en
1871 à l'empire d'Allemagne n'avait rien du régime
parlementaire. Le chancelier dépendait uniquement de l'empereur, lequel ne dépendait de personne, puisque son pouvoir héréditaire tenait
purement et simplement à sa qualité de chef de la
maison des Hohenzollern. Le Reichstag, issu du
suffrage universel, n'avait qu'un pouvoir négatif;
il pouvait gêner l'action du chancelier, en refusant
de voter les projets de loi qui lui étaient présentés;
mais ce refus équivalait pour lui à un suicide; car,
dans ce cas, il était dissous, pour faire place à une
nouvelle assemblée, plus docile.

Cependant, tout négatifs que fussent les pouvoirs
du Reichstag, ils ne laissèrent pas de causer
au chancelier bien des embarras; il lui était,

en effet, à peu près impossible de compter sur
une majorité compacte et fidèle. Cela s'explique
par l'esprit particulariste qui avait longtemps régné
en Allemagne et dont la brusque unification de
1866-1871 n'avait pu avoir raison. En laissant de
côté les fractions peu notables du Reichstag, on
pouvait, au moins dans les années qui suivirent
1871, y compter cinq partis principaux.

Le parti conservateur, *Deutschconservativ*, était
formé de grands propriétaires fonciers, les « agra-
riens » ; il se recrutait presque uniquement dans
les régions agricoles de la Prusse orientale ; il
représentait essentiellement l'esprit prussien et
non l'esprit allemand ; si les libéraux tendaient à
« absorber la Prusse dans l'Allemagne », il avait
exactement la tendance inverse, absorber l'Allemagne dans la Prusse ; il était nettement protes-
tant, militariste, partisan de la cour et des privi-
lèges de la noblesse ; son organe était la *Kreuz-
zeitung*, la *Gazette de la Croix*, qui avait eu toutes
les sympathies de Bismarck dans la première partie de sa vie.

Ce parti était très bien vu de Guillaume Ier, de
moins en moins bien de Bismarck ; car le chancelier, qui appartenait au parti par ses origines et
son caractère de *Junker*, n'était plus, après la constitution de 1866 et la constitution de 1871, le conservateur de conception strictement prussienne
qu'il s'était montré au début de son ministère. En
Prusse même, à la Chambre des seigneurs, le parti
conservateur était à peu près le seul représenté ;
il avait très vivement soutenu Bismarck dans sa

lutte contre la seconde Chambre, mais il avait pris
peu à peu position contre lui. Le chancelier a consacré tout un chapitre des *Pensées et Souvenirs* à
raconter sa rupture avec les conservateurs. L'occasion fut fournie en 1872 par une loi sur la surveillance des écoles primaires. La *Gazette de la
Croix* lui déclara la guerre ; elle publia une série
d'articles sur « l'ère bismarckienne », dont la noblesse provinciale faisait son régal, mais qui dé-
plaisaient fort au maître tout-puissant de la Wilhelmstrasse.

Des conservateurs proprement dits se détachè-
rent les conservateurs libéraux, qui formèrent le
« parti d'empire », *Reichspartei* ; à un moment, en
1878, le nombre de ses membres égala à peu près
le nombre des conservateurs, 57 contre 59 ; mais il
décrut sensiblement dans la suite. Le *Reichspartei*
se recruta surtout parmi les grands industriels et
les grands propriétaires, de la Silésie en particulier ; il resta toujours fidèle à Bismarck.

Le « parti national-libéral » était une manière de
centre droit ; il se recrutait un peu dans tout l'empire, plus spécialement dans les régions à l'ouest
de l'Elbe, qui étaient des pays d'industrie, de commerce et d'universités. Ses éléments appartenaient
tous à la bourgeoisie aisée et intellectuelle des
industriels, des commerçants, des professeurs. Il
représentait tout à fait l'esprit allemand, par opposition à l'esprit prussien ; c'était un peu l'esprit
des membres du parlement de Francfort en 1848.
Bismarck, l'auteur de l'unité allemande, était tout
à fait l'homme des nationaux-libéraux ; mais, pour

conserver sa majorité, il dut leur faire des concessions dans le sens du libre-échange et de l'esprit
laïque.

Les « progressistes » ont eu deux noms : parti du
progrès, *Fortschritt*, puis, depuis 1884, parti du
libéralisme, *Freisinnig*. Ils se distinguaient des
nationaux-libéraux, en ce sens qu'ils étaient opposés à la militarisation intensive de l'Allemagne et
qu'ils restèrent jusqu'au bout des partisans opi-
niâtres du libre-échange, suivant les doctrines anglaises de l'école de Manchester. En 1881, ils
comptaient 61 membres, originaires surtout des
grandes villes de l'empire, du royaume de Saxe et,
en Prusse, des provinces de Holstein et de Prusse.

Le « Centre », *Centrum*, était essentiellement le
parti catholique ; il se recrutait chez les Bavarois,
les Badois et dans les provinces catholiques de la
Prusse, à savoir la Prusse rhénane, le Hanovre et
la Posnanie polonaise. Il représentait les idées
conservatrices catholiques, spécialement anti-
laïques ; beaucoup d'électeurs du Centre appartenaient à la population bourgeoise et ouvrière des
pays rhénans et des pays polonais ; le Centre avait,
par suite, des attaches avec les partis démocra-
tiques.

Tels sont les cinq partis du Reichstag qui repré-
sentaient des effectifs nombreux, variant en
moyenne de 50 à 100 membres. Mais il y avait
encore divers partis, composés de quelques unités,
les Polonais, les Alsaciens-Lorrains, les Guelfes,
le parti démocratique (*Volkspartei*), les socialistes, etc.

Le chancelier de fer affectait pour tous les membres du Reichstag, au moins dans l'intimité, un mépris souverain. « Je vais aller me montrer au Reichstag, disait-il un jour à son confident Maurice Busch, et les honorer de ma présence. Ah! tous ces députés, à quelque parti qu'ils appartiennent, ils se ressemblent. C'est un troupeau d'esclaves. Tous à plat ventre devant le maître de demain. La seule différence, c'est que les conservateurs le sont en public, tandis que les libéraux le sont en secret. Mais, à part cela... »

Il semble que ce jour-là, c'était en 1880, Bismarck ait eu la mémoire un peu courte; il oubliait que le Centre n'avait point plié devant lui, et que la Socialdémocratie restait — alors — un parti d'opposition irréductible.

LE KULTURKAMPF

Le conflit entre le chancelier et le Centre dura près d'une quinzaine d'années et donna lieu à une profonde agitation. Les partisans de Bismarck lui donnèrent le nom, injurieux pour ses adversaires, de *Kulturkampf*; le mot passe pour avoir été inventé par le physiologiste Virchow, chef du parti progressiste à la Chambre des députés prussienne. « Combat pour la civilisation », comme si la thèse que représentait le Centre était par elle-même hostile à la civilisation, comme si le catholicisme n'était pas une des formes supérieures de la civilisation. Au fond, c'est un épisode de la question éternelle des rapports de l'Église et de l'État.

Bismarck était de l'église évangélique ou luthé-
rienne, il en pratiquait officiellement les rites; il
disait que s'il n'avait pas cru en une divine Providence, « qui a destiné cette nation allemande
à quelque chose de bon et de grand », il aurait
abandonné immédiatement sa charge d'homme
d'État. « Sachez bien, disait-il avec son orgueil
colossal, que, si je n'avais pas été aussi bon chrétien, vous n'auriez pas eu un aussi grand chancelier de la Confédération. » Mais il semble bien
que cette foi, si portée à s'encenser, ait été assez
voisine de l'indifférence et qu'il ait considéré les
questions religieuses surtout au point de vue uti-
litaire et politique. Quand il apprit, en septembre 1870, l'entrée des Italiens à Rome, il parla
aussitôt d'accueillir le pape à Cologne ou à Fulda ;
il chargea même, paraît-il, l'archevêque de Posen,
Ledochowski, de négocier auprès de Pie IX le
transfert du Saint-Siège. Il parlait de la chose
avec une singulière désinvolture. « Nous aurions
pour nous, disait-il, les Polonais ; l'opposition des
ultramontains cesserait aussitôt en Bavière. Seulement, il y a le roi. Il ne voudra jamais y consentir. Il a une peur du diable... Mais il n'y aura
pas le moindre danger. Le pape sera assis au
milieu de nous comme un bon vieux qui vient
demander une petite place, qui mange et qui boit
tranquillement, qui prend sa prise de tabac et
même, au besoin, fume son cigare. » Voilà une
manière à la Bismarck de résoudre la question
romaine.

Le Centre fut dès l'origine le groupement de

tous les députés catholiques du Reichstag. Parmi eux, certains avaient longtemps résisté à l'unification de l'Allemagne, comme les Bavarois; d'autres étaient les ennemis jurés de la Prusse, comme les Polonais de Posnanie. « Quand j'engageai le Kulturkampf, a écrit Bismarck, j'y étais principalement déterminé par le côté polonais de la question. » On le croira très volontiers; car on sait les procédés des Allemands pour leurs voisins de Pologne, et la haine légitime des martyrs de Posnanie pour leurs oppresseurs. Un prêtre polonais, Schaffranek, élu au Reichstag, se signalait par son intransigeance patriotique. Le prince-évêque de Breslau, sur la plainte du gouvernement, lui interdit de « siéger » à gauche; il ne siégea plus en effet, car les séances pouvaient durer six heures ou plus, on voyait toujours debout devant les bancs de la gauche, raide comme une sentinelle, un grand gaillard, qui prenait la parole, sans avoir à se lever, pour fustiger les Allemands : c'était le prêtre polonais Schaffranek. Le Centre, assez hétérogène à cause de l'origine de ses membres, fut organisé avec la discipline la plus étroite par un parlementaire de premier ordre, Windthorst; ancien ministre du roi de Hanovre, il n'avait point oublié la brutale spoliation subie par son maître en 1866. Dans une assemblée aussi divisée que le Reichstag, les quatre-vingt-dix à cent voix du Centre, toujours unies, n'étaient certes point une quantité négligeable.

En juillet 1871, Bismarck fit supprimer la « direction catholique », qui, depuis trente ans, avait la charge, au ministère des Cultes, des affaires catholiques en Prusse et qui était exclusivement confiée à des fonctionnaires catholiques. Le prétexte de cette suppression était la crise qui venait de se produire au sein de l'église catholique après la proclamation du dogme de l'infaillibilité pontificale. En vérité, les opposants étaient une infime minorité, qui, en Allemagne, se groupait autour de Dœllinger, le chef théorique des Vieux-Catholiques; mais il ne déplaisait pas à Bismarck de faire pièce à ses adversaires catholiques du Reichstag ou du Landtag, en mettant sur le même pied la petite minorité dissidente et la grande majorité fidèle au Vatican. Il confia le ministère des Cultes à un fonctionnaire à poigne, Falk, qui entendit mener l'église catholique à la baguette. Le Centre avait pris position contre les adversaires de l'infaillibilité; il demandait que leurs chaires dans les universités et dans les gymnases ne leur fussent point conservées. La réponse de Falk fut de faire voter une loi qui ordonnait la fermeture dans tout l'empire des établissements tenus par les jésuites et l'expulsion de l'ordre. C'est alors que Bismarck prononça au Reichstag la parole célèbre (14 mai 1872) : « Soyez sans crainte : ni de corps, ni d'esprit, nous n'irons à Canossa. »

Alors vinrent, en 1873, les lois de combat, spéciales au royaume de Prusse, connues sous le nom de lois de mai : établissement du mariage civil; obligation pour les futurs prêtres de faire trois ans d'études dans les universités d'État; serment de fidélité exigé des évêques; nomination des curés

soumises à l'approbation des autorités laïques de
la province. A propos de l'application de ces lois,
Bismarck prononça des paroles de guerre (7 février 1874) : « Il s'agit d'extirper les excroissances
de l'ambition cléricale, d'extirper ces excroissances
qui, si l'on n'emploie pas à temps le tranchant de
l'acier, finiraient par s'étendre à ce point que l'État
devrait se soumettre au pouvoir clérical et ne
serait plus en situation de remplir sa tâche vis-
à-vis de toutes les communautés religieuses »

La protestation contre les lois de mai fut unanime chez tous les catholiques de Prusse; elle fut
surtout très vive dans les milieux polonais. L'archevêque de Posen, Ledochowski, déclara qu'il ne
se soumettrait pas; le gouvernement le fit mettre
en prison. Des commissions laïques furent char-
gées d'administrer les cures et les évêchés, tandis
que les ecclésiastiques étaient arrêtés par centaines. Il semble que Bismarck en ait plus tard
ressenti quelque honte. « L'erreur m'apparut clairement quand je vis des gendarmes prussiens,
braves gens, mais maladroits, courant, en faisant
sonner leurs éperons et en traînant leurs sabres,
derrière des prêtres souples et agiles à se dérober
par de fausses portes et par des alcôves. » Pie IX
avait pris ouvertement le clergé sous sa protection;
il envoya le chapeau de cardinal à l'archevêque
Ledochowski, alors qu'il était en prison. Le Centre,
de son côté, faisait une opposition de plus en plus
violente. La situation devenait tout à fait confuse.
Bismarck avait songé à faire du parti national-
libéral la base de sa majorité; mais, par la voix de

son chef Bennigsen, le parti réclamait l'établissement du régime parlementaire. Sur ce point, le chancelier resta intraitable; plutôt que de céder, il était prêt à se rapprocher de ses adversaires. La situation se tendait de plus en plus. Bismarck, comme étonné de la gravité de cette crise, était indécis sur la conduite à tenir. Il faisait le jeu des ennemis déclarés du catholicisme, plus peut-être qu'il n'aurait voulu. « Il faut bien que je les suive, puisque je suis leur chef. » C'est le mot qu'on lui prête; en réalité, le mot est de Dœllinger.

L'avénement de Léon XIII, au mois de février 1878, allait amener une détente. Le nouveau pape écrivit directement à l'empereur, qui était peu partisan de l'attitude violente de son ministre, pour lui demander de rendre « à une grande partie de ses sujets la paix et la tranquillité de leur conscience ». Bismarck avait alors besoin des voix du Centre pour sa politique protectiönniste; il se rapprocha peu à peu de ses anciens adversaires. Windthorst répondit à ses avances; il accepta une invitation à une de ces soirées de la Wilhelmstrasse qu'on appelait *Tabak-Parlament*, où le chancelier recevait les membres du Reichstag et leur donnait à fumer et à boire. Les deux adversaires se réconcilièrent en buvant de la bière de la brasserie des Franciscains. Falk fit les frais de ce rapprochement; il fut congédié au mois de juillet 1879. Les lois de mai furent bientôt suspendues, puis abolies, à l'exception de la loi sur le mariage civil.

La réconciliation avec le Vatican s'attesta bientôt

par des actes significatifs, que les libéraux appe-
lèrent la marche vers Canossa. En 1883, le prince
royal de Prusse, le futur empereur Frédéric III,
fut reçu en audience par Léon XIII. Le Saint-Père
envoya l'ordre du Christ à Bismarck ; celui-ci en
porta les insignes à un grand dîner officiel à Berlin,
où il recevait tous les ambassadeurs. En 1885,
quand un conflit fut sur le point d'éclater entre
l'Allemagne et l'Espagne, à propos de la question
des Carolines, le chancelier proposa de soumettre
la question à l'arbitrage du pape, et il accepta sans
mot dire la sentence pontificale, qui cependant
donnait raison à l'Espagne. En somme, le Kulturkampf, qui avait été une grande machine de
guerre contre le catholicisme, aboutissait au respect des droits de l'Église. Windthorst et le Centre
l'avaient emporté.

LA SOCIALDÉMOCRATIE

Dans la seconde moitié du dix-neuvième siècle,
l'Allemagne est passée par une grande révolution
économique. Ce pays, qui, jusqu'alors, était à peu
près exclusivement agricole, est devenu très rapidement un pays de grande industrie. Les indus-
tries minières, métallurgiques, chimiques, textiles,
y ont pris un essor extraordinaire, on peut dire
prodigieux ; il en est résulté un afflux énorme de
la population rurale vers les villes : en 1912, l'Allemagne comptait 44 villes de plus de 100 000 habitants, contre 39 en Angleterre, contre 15 en France.
Par suite, la classe ouvrière s'était développée

d'une manière aussi excessive que rapide. Le terrain allemand s'est trouvé ainsi préparé à merveille pour la diffusion des doctrines socialistes.

Deux écoles se trouvaient en présence : l'école de Lassalle, qui était proprement allemande et qui se réclamait du socialisme d'État; l'école de Karl Marx, qui était internationale et qui prêchait le collectivisme; elles se fondirent en une seule, qui prit le nom de Socialdémocratie, lors du congrès de Gotha en 1875. La Socialdémocratie avait un double programme, à la fois politique et socialiste, qui réclamait toutes les libertés, la suppression des armées permanentes, la propriété collective des mines, des moyens de production et de transport, etc. Le parti était fortement organisé; il voyait à chaque élection au Reichstag le nombre de ses voix augmenter : 100 000 en 1871, 550 000 en 1874, 480 000 en 1877; le nombre de ses députés à l'assemblée d'empire passait de 2 à 9 et à 12; en 1890, l'année de la chute de Bismarck, il devait être de 24. La Saxe, « le royaume rouge », était l'une des citadelles du parti.

Vis-à-vis de cette force redoutable, de jour en jour plus menaçante, Bismarck se posa nettement en défenseur de l'ordre, de la propriété, de toutes les idées conservatrices. L'empereur faillit être victime, en 1878, de deux attentats qui se succédèrent à moins d'un mois d'intervalle, l'un d'un ouvrier ferblantier, plus qu'à moitié fou, Hœdel, l'autre d'un anarchiste, docteur en philosophie, Nobiling. Le chancelier profita de l'indignation soulevée par ces attentats pour en rendre respon-

sables les socialistes et faire adopter une loi spéciale contre « les efforts subversifs de la socialdémocratie ». Il avait exposé sa conception du
problème social : d'une part améliorer la situation
des ouvriers, d'autre part réprimer les excès de la
démocratie ; il commençait par la répression. La
loi de 1878 n'était votée que pour quatre ans ; en
fait, cette période fut prolongée deux fois, et la loi
fut en vigueur pendant douze ans. Elle interdisait
toute association, réunion ou journal, « qui avait
pour but la subversion de l'ordre social ou dans
lequel apparaissaient des tendances socialistes ».
La formule était assez élastique pour permettre,
en une seule année, de supprimer deux cent qua-
rante associations et d'interdire cinq cents publi-
cations ; dans les douze ans où la loi fut en
vigueur, neuf cents individus furent expulsés et
quinze cents condamnés à la prison.

D'autre part, le chancelier, qui avait pris en 1880
le portefeuille du Commerce et de l'Industrie, se
proposa de réformer le régime économique de la
société. « Que l'on appelle socialisme ou non cette
tendance de gouvernement, disait-il au Reichstag,
le 2 avril 1881, peu m'importe. Le gouvernement
ne peut résoudre la question ouvrière en imitant
l'autruche qui se cache la tête pour ne point voir
le danger. » Dans ce même discours, il parlait de
faire du « christianisme pratique ». Dans un message impérial, il faisait dire à Guillaume Ier : « Il
faut entretenir dans les classes pauvres de la population, les plus nombreuses et les moins instruites,
l'idée que l'État est une institution non seulement

nécessaire, mais bienfaisante. L'État doit aider au bien-être de tous ses membres, en particulier des faibles. » Il ajoutait lui-même (2 mai 1884) : « Ces messieurs (les démocrates) enfleront vainement leurs pipeaux, sitôt quĕ l'ouvrier verra que le gouvernement et les corps législatifs prennent sérieusement soin de son bien-être. » Diverses lois sur les assurances contre les accidents des ouvriers, sur les secours aux vieillards et aux invalides du travail, furent l'application de ce programme de socialisme d'État.

LES COLONIES ALLEMANDES

Les questions financières et économiques tinrent une grande place dans les rapports de Bismarck avec le Reichstag; elles eurent pour résultat de le faire passer lui-même d'une politique libre-échangiste à une politique protectionniste, et par suite de modifier, du tout au tout, les bases de sa majorité parlementaire.

Bismarck, qui en vint à multiplier les tarifs douaniers, reconnaissait qu'il avait changé d'attitude sur le terrain économique, mais sur ce terrain seulement. « J'ai changé de système, disait-il au mois d'avril 1878, c'est possible. Je n'en ai, en tout cas, changé qu'en matière économique; car, en politique, je ne crois pas qu'on m'ait vu beaucoup varier... Lorsque je suis arrivé au pouvoir, je ne m'étais tracé qu'un but : l'unification de l'Allemagne sous l'hégémonie de la Prusse. Tout le reste était accessoire. J'y ai subordonné toutes les considérations économiques et autres. »

La fondation de l'empire colonial allemand remonte aux dernières années de son ministère ; mais il faut dire tout de suite qu'il ne fut point ici un promoteur, il fut un peu un colonial malgré lui. La *Weltpolitik* et le pangermanisme mondial, si fort à la mode depuis Guillaume II le Mégalomane, étaient choses comme inconnues pour Bismarck et les hommes d'État de sa génération ; ils se contentaient de faire de la *deutsche Politik*. Lui-même avait un champ politique assez limité, qui comprenait l'Allemagne, l'Autriche-Hongrie, la Russie d'Europe, la France, l'Angleterre, un peu l'Italie, qu'il traitait du haut de sa grandeur et avec quel mépris ! « Les Italiens, disait-il en 1880, ressemblent à ces corbeaux qui se nourrissent de charogne et attendent autour des champs de bataille qu'on leur laisse quelque chose à manger. » Il répétait avec complaisance le mot d'un diplomate russe sur les Italiens : « Comment ? Ils réclament encore quelque chose, et ils n'ont pas perdu de bataille ! » En dehors de ces cinq ou six États européens, le monde existait peu pour l'hôte de la Wilhelmstrasse ; son horizon ne dépassait guère Londres, Paris, Vienne, Pétersbourg.

Le *Times* avait lancé, en février 1871, le bruit sans fondement de la cession possible à l'Allemagne des établissements français de l'Inde. « Je ne veux pas de colonies, déclara Bismarck : elles ne sont bonnes qu'à créer des sinécures. C'est tout ce que l'Angleterre et l'Espagne en font. Nous autres, Allemands, si nous avions des colonies, nous ressemblerions aux nobles de Pologne : ils ont des fourrures d'hermine sur les épaules et pas de chemises dessous. » On peut croire qu'il parlait alors des colonies un peu comme le renard parlait des raisins. Cependant, quand il vit le grand développement que prenait le commerce allemand, quand il vit les commerçants de Hambourg et de Brême qui s'en allaient faire fortune « de l'autre côté », *drüben*, il estima que de faire pousser du café ou du coton sur un sol allemand, avait bien des avantages ; la chose cadrait avec son programme, qui écartait délibérément la politique de magnificence pour ne comprendre que l'*Interessenpolitik*. « Ce n'est pas notre besogne, disait-il en 1882 à propos des affaires d'Égypte, de tirer les marrons du feu pour le compte des autres. »

L'initiative privée des maisons de commerce allemandes commençait à produire des résultats sur quelques points des côtes de l'Afrique ; alors Bismarck se décida à donner à ces entreprises la protection de l'État. Ainsi naquit, en 1885, l'Ouest africain, la première colonie allemande de l'Afrique ; puis, en 1884, le Togo et le Cameroun ; plus tard encore, l'Afrique orientale. La conférence internationale pour la délimitation du Congo et les partages africains se tint, en 1885, à Berlin, sous la présidence du chancelier. Il semblait qu'il fût devenu l'arbitre de l'Afrique, comme il l'avait été sept ans plus tôt de la question d'Orient. Dans une commission du Reichstag, un député avait exprimé la crainte que la fondation de ces colo-

nies n'amenât des conflits avec la France, quand
l'Allemagne ne pourrait pas disposer sur place de
forces navales suffisantes. Le chancelier répondit
de sa voix tranchante : « Ce n'est pas une question
de forces navales. M. Bamberger oublie que la
France est placée devant les portes d'attaque de
Metz, » *Frankreich liegt vor den Ausfallsthoren
von Metz.*

Que reste-t-il aujourd'hui de cet empire africain
sur lequel les successeurs de Bismarck fondaient
tant d'espérances? La guerre présente l'a fait passer tout entier entre les mains des ennemis de
l'Allemagne. Les Allemands n'ont pas plus de fourrures d'hermine à cette heure qu'ils n'ont de chemises.

DIFFICULTÉS AVEC LE REICHSTAG

L'œuvre d'organisation et de consolidation de
l'empire, dont on vient de donner une esquisse
rapide, représente de la part de Bismarck une acti-
vité remarquable. Il eut presque tout le temps,
dans ses rapports avec le Reichstag, à refaire sa
majorité; il avait commencé à gouverner avec la
gauche, puis il fut amené peu à peu à s'appuyer
sur la droite.

La presse officieuse était dressée à suivre ses
évolutions; il l'entretenait grassement à cet effet
avec les fonds secrets, qu'on appelait les « fonds
des reptiles ». L'expression, devenue classique,
remontait à un discours du chancelier, le 29 janvier 1869, devant la seconde Chambre prussienne,

quand il fit séquestrer les biens du roi Georges de
Hanovre et de l'électeur Frédéric-Guillaume de
Hesse-Nassau, deux vaincus de 1866, sous prétexte
de faire taire les protestations de leurs partisans.
« Nous voulons, avait-il dit, en finir avec ces cou-
pables manœuvres qui se font un jeu du repos
d'une grande nation et de la paix de l'Europe...
Nous devons poursuivre ces reptiles jusque dans
leurs repaires et voir ce qu'ils y font. Ne nous
reprochez donc pas la nécessité où nous sommes
d'appliquer cet argent à un tel usage. »

Les partisans de Bismarck eux-mêmes hésitaient
parfois à le suivre, à cause de la violence qu'il
apportait à tout ce qu'il entreprenait. Quant à ses
adversaires, ils ne lui laissaient pas de répit; c'était
pour eux comme un malin plaisir de provoquer ses
colères. Aussi ses rapports avec le Reichstag
furent-ils presque toujours très difficiles et traver-
sés par maints orages. L'empereur lui avait fait
présent d'une œuvre d'art pour les fêtes de Noël,
en 1884: Bismarck lui répondit à ce propos :

« Je remercie respectueusement Votre Majesté
pour son magnifique présent de Christmas. L'œuvre
d'art que Votre Majesté m'a envoyée me rappelle
quelque peu ma position actuelle. Pendant que le
centaure tâche, avec ses deux bras, de hisser le
bélier sur ses épaules, une femme vient, qui se
suspend de tout son poids à sa barbe. Il en est de
même avec moi. Tandis que j'ai les mains pleines
du service de Votre Majesté et du pays, l'opposition
au parlement me pousse et s'accroche à moi au
risque de me renverser pendant que je supporte le

poids des affaires. Il y a seulement cette différence que l'opposition est infiniment plus laide que la femme qui se suspend à la barbe du centaure.

« Cela ne m'empêchera pas de porter allègrement et fermement ma charge sur mes épaules, aussi longtemps que Dieu m'en donnera la force et que je jouirai de la faveur de Votre Majesté. »

Bismarck parlait souvent de sa retraite. Il disait en 1880 : « Comme vous le voyez, ma santé est encore chancelante. Et, pourtant, je ne sais trop de quoi je me plaindrais : je dors admirablement, neuf heures par nuit (il avait alors soixante-cinq ans), je mange de bon appétit; mais je me fatigue immédiatement et ne puis rester longtemps debout. C'est le résultat du surmenage de l'an passé et des événements que j'ai subis. » En réalité, il était de ceux qui meurent à leur table de travail, à moins qu'un accident imprévu ne leur casse les reins. L'attentat de Nobiling contre Guillaume Ier, en 1878, avait eu pour effet de rattacher plus étroitement Bismarck à la personne du vieil empereur. « Je ne veux pas le laisser seul, disait le chancelier. C'est un serment que je me suis fait quand il était couché à terre, là-bas, après l'attentat. Je me suis juré alors que jamais je ne l'abandonnerais. Quoi qu'il advienne, je tiendrai mon serment. »

Malgré tout, le lutteur infatigable qu'était le chancelier de fer se déclarait fatigué, harassé, rompu, *müde, todmüde*; il était las à mourir. A l'exemple du grand chef, toute l'Allemagne éprouvait, vers 1881, la « lassitude d'empire », la *Reichsmüdigkeit*, suivant le néologisme pittoresque

qui avait été inventé pour cette crise de fatigue
et d'ennui.

RAPPORTS AVEC GUILLAUME Ier
ET L'IMPÉRATRICE AUGUSTA

Les rapports entre l'empereur et le chancelier,
malgré l'intimité qui liait les deux hommes, n'allaient pas sans des heurts fréquents. Le souverain
avait trop le sentiment de ses droits; le ministre
avait trop le sentiment de sa supériorité politique,
il ne s'en cachait pas devant ses intimes. « Si je
m'en allais, disait-il en 1885, quel serait le résultat?
L'empire d'Allemagne tout entier ne repose que
sur la confiance que l'on a en moi à l'extérieur...
Ah ! je pourrais sans doute m'en aller momentané-
ment et voir comment, alors, ils s'en tireraient. Et
puis je reviendrais une fois que l'expérience serait
faite. Mais il est dangereux de faire de tels essais. »

Il lui était arrivé, en 1873, d'abandonner la présidence du conseil, qu'il avait passée à Roon, pour
ne conserver que les Affaires étrangères. Il se félicitait de cette détermination, qui n'eut d'effet d'ailleurs que durant quelques mois; mais il s'en félicitait d'une manière ironique, à propos de ses relations avec Guillaume Ier. « Depuis que je ne suis
plus président du Conseil des ministres de Prusse,
je m'entends bien mieux avec l'empereur. Je ne
suis plus tout le temps dans ses jambes, et, quand
il a quelque idée pas pratique ou quelque projet
biscornu en tête, je ne suis plus là pour le gêner. »

L'impératrice Augusta n'avait pas le don de
plaire au chancelier, pas plus d'ailleurs que ne
l'eut plus tard sa belle-fille. On le comprend aisément. Née à Weimar, fille du grand-duc Charles-
Frédéric de Saxe-Weimar et de la grande-duchesse
de Russie Maria-Paulowna, ayant grandi dans l'atmosphère de l'Athènes allemande, où elle avait
connu Gœthe, russe d'autre part du côté maternel,
non seulement elle n'avait rien de prussien, mais
encore elle représentait la culture allemande à
l'époque où cette civilisation devait son originalité
à Goethe, à Schiller, à Wieland, à Herder, à Kot-
zebue : c'était l'âge, qui semble préhistorique
aujourd'hui, où la civilisation allemande n'avait
pas été encore mise à la caserne, avec des capo-
raux prussiens montant la garde tout autour. Aussi,
depuis son mariage qui remontait à 1829, Augusta, princesse royale, reine, impératrice, n'avait
jamais caché, malgré la parfaite correction de ses
manières, que le prussianisme des officiers et des
fonctionnaires, au milieu desquels elle était obligée
de vivre, ne lui inspirait qu'une sympathie médiocre. Puis il y avait un autre grief : elle avait un
goût très vif pour la littérature française ; elle
aimait, vers l'époque du congrès de Berlin, à s'entretenir de nos écrivains, de nos mœurs, de nos
artistes, avec un jeune normalien, qui devait faire
une carrière brillante dans la diplomatie. Bismarck,
qui ne cessa d'être injuste et méfiant à l'égard de
cette femme remarquable, l'accusait d'avoir toujours voulu jouer un rôle dans la coulisse, d'abord
avec les libéraux, puis avec les ultramontains et

les prédicateurs de la cour. « De même, dit-il, qu'Eugénie en 1870, elle a, comme je m'en suis assuré depuis, adressé des instructions directes à des fonctionnaires. L'empereur est vieux et se laisse de plus en plus influencer par elle... Elle intervient aussi dans les affaires étrangères; elle s'est mis dans la tête que c'est sa vocation de plaider partout la cause de la paix, d'être, comme elle dit, l'ange de la paix. » Tous les ennemis du chancelier, à l'en croire lui-même, se groupaient autour d'elle; elle « formait le point de cristallisation de cet accord unanime ».

Au jour anniversaire de la naissance du kronprinz, en 1877, quelqu'un rappelait à Bismarck qu'il serait convenable de lui envoyer un télégramme de félicitations. « Mais oui, répondit-il, il faut lui en envoyer... pour la forme. Ah! si c'était sa mère! Pas de danger que je lui en envoie, même pour la forme, à celle-là. » L'empereur étant malade, l'impératrice restait presque tout le temps auprès de lui. Bismarck en était exaspéré. « Et c'est de l'amour, ça? Allons donc! C'est de la pure comédie, c'est de l'affection conventionnelle. Rien n'est naturel chez cette femme; tout est artificiel au dedans comme au dehors. »

Guillaume Ier n'ignorait pas l'hostilité réciproque du chancelier et de l'impératrice; mais l'affection qu'il avait pour sa femme, affection profonde faite de courtoisie et de respect, ne l'empêchait pas de reconnaître tout ce qu'il devait à Bismarck et de lui maintenir son entière confiance. Ces deux hommes devaient s'entendre : l'un était l'absolu

roi de Prusse, le complétement, le totalement roi
de Prusse, le *Stockpreussenkönig*; l'autre, à toutes
les époques de sa carrière et dans toutes ses évolutions politiques, fut toujours le champion du
prussianisme renforcé. En 1887, à propos du vingt-
cinquième anniversaire de son entrée au ministère,
l'empereur avait renouvelé au chancelier ses félicitations; celui-ci lui répondit : « Pendant ce long
espace de temps, j'ai vu bien des amis qui sont
devenus des adversaires. Seules, la confiance et la
faveur de Votre Majesté sont restées inaltérables.
C'est aussi là que je trouve la plus glorieuse récompense de mon labeur, et la plus grande consolation
de mes tourments. J'aime mes deux patries, la
patrie allemande aussi bien que la patrie prussienne,
mais je n'aurais pu les servir allègrement toutes
deux, si je n'avais pas eu pour m'encourager la
satisfaction de mon roi. »

Saint-Simon a écrit sur les rapports de Louis XIII
et de Richelieu une page pénétrante; on pourrait
presque la reproduire à propos des rapports de
Guillaume Ier et de Bismarck, en tenant compte
non seulement de la différence des temps et des
personnages, mais surtout de la différence entre la
politique a la française et la politique à l'allemande.
Bornons-nous à emprunter quelques lignes à l'auteur du *Parallèle des trois premiers rois Bourbons*;
la transposition se fera d'elle-même.

« Je ne prétends pas, dit-il, vouloir contester
au cardinal d'avoir été en ce genre le plus grand
homme que les derniers siècles aient produit; mais
il n'est pas moins vrai qu'aucune des grandes

choses qui se sont exécutées de son temps ne l'ont été qu'après avoir été délibérées entre le roi et Richelieu dans le plus profond secret... Il en résultera qu'on ne peut, avec justice, ôter à Louis une très grande part à tout ce qui s'est conçu et exécuté de grand pendant son règne, et qu'en même temps il n'était pas possible que la gloire n'en revînt dès lors à Richelieu et ne lui soit depuis demeurée. »

Bismarck a loué dans son maître deux qualités, l'application aux affaires, la rectitude du jugement. « Son zèle, dit-il, était dû à un sentiment très élevé de ses obligations. Il apportait à l'accomplissement de son devoir de souverain une somme peu ordinaire de bon sens, *common-sense*, que le savoir ne soutenait pas, certes, mais qu'il n'avait pas déformé non plus. » Le bon sens de Guillaume lui a permis de deviner Bismarck, de le maintenir malgré ses ennemis, de le conserver jusqu'au bout, sans jamais s'offusquer ni de son caractère ni de sa gloire ; il l'a laissé agir, parce qu'il a toujours compris qu'il était bien l'homme de sa propre politique.

Guillaume Iᵉʳ mourut le 9 mars 1888, dans sa quatre-vingt-douzième année. La veille de sa mort, il eut un long entretien avec Bismarck ; il lui dit qu'il comptait sur lui, qu'il devait rester en fonctions et se tenir fidèlement auprès de ses successeurs ; il exigea de lui la promesse d'assister son petit-fils de son expérience, et, s'il devait être appelé à régner, de rester fidèlement à ses côtés. A un moment, dans l'affaiblissement de ses facul-

tés, il prit le chancelier pour son petit-fils, le prince
Guillaume, et, le tutoyant, il lui dit : « Il faut que
tu restes toujours en bons rapports avec l'empereur de Russie; là il n'y a pas lieu de se disputer. »
On sait comment le petit-fils devait rester en bons
termes avec l'empereur de Russie et avec la Russie.

Quand Bismarck annonça le lendemain au
Reichstag la mort du souverain dont il était depuis vingt-six ans le collaborateur et le conseiller,
l'émotion lui coupa la parole.

L'EMPEREUR FRÉDÉRIC III

Le nouveau règne commençait sous les plus
tristes auspices. Le kronprinz Frédéric-Guillaume,
qui inaugurait son règne à l'âge de cinquante-sept
ans, était atteint, depuis quelques mois, d'un
cancer au larynx, dont l'issue ne pouvait être que
fatale; à la suite d'une opération, il avait complètement perdu l'usage de la parole. Cependant,
homme de devoir avant tout, il ne voulut pas se
soustraire aux obligations de sa naissance; il quitta
avec sa femme la villa de San-Remo où il se mourait. Le règne de Frédéric III allait durer trois
mois à peine, trois mois d'une agonie ininterrompue.

Les rapports de Bismarck et du kronprinz Frédéric avaient été souvent difficiles; l'un était un
homme d'autorité et de manières rudes, l'autre
était un libéral et un prince qui cherchait à plaire.
Bismarck étendait en partie au kronprinz l'antipa-
thie qu'il avait pour sa femme. Le grand défaut

de la fille du prince Albert et de la reine Victoria
était d'être Anglaise, c'est-à-dire libérale. Le chancelier l'appelait l'Anglaise, la disciple de Gladstone; selon lui, elle ne faisait que propager l'influence de l'Angleterre, que servir les intérêts de
l'Angleterre; elle n'avait jamais cessé de considérer l'Angleterre comme sa patrie; elle avait
versé des larmes à l'annexion du Slesvig et du
Hanovre; elle avait sur son époux beaucoup plus
d'influence qu'il n'était désirable; elle cherchait
sans cesse à l'endoctriner. Et Bismarck en revenait toujours au crime irrémissible : elle était
Anglaise. Or, l'Angleterre, il la détestait de toute
la haine de son prussianisme. Un jour, à la fin du
siège de Paris, dans une conversation familière, il
donna libre cours à ses sentiments contre l'Angleterre et contre la *kronprinzessin* Victoria.

« Non, voyez-vous, s'écriait-il, ces Anglais ont
des prétentions inouïes! Croyez-vous que, maintenant, ils veulent envoyer une canonnière le long
de la Seine pour chercher à Paris les familles
anglaises qui y sont restées? Je connais ça : ils
veulent simplement se rendre compte si nous
avons immergé des torpilles, pour que les vais-
seaux français remontent ensuite le fleuve derrière
eux. Tas de cochons! Ils crèvent de jalousie parce
que nous avons livré de grandes batailles et que
nous les avons gagnées. Ils ne peuvent pas souffrir
que la petite Prusse grandisse de la sorte. Les
Prussiens, pour eux, n'existent qu'en tant qu'ils
leur servent de mercenaires. J'en suis sûr : c'est
ce que pense toute la haute classe en Angleterre.

Ils n'ont jamais pu nous sentir et ont toujours fait
tout ce qu'ils ont pu pour nous nuire. La princesse
royale est l'incarnation de ce que je vous dis là.
Elle est pleine de la condescendance qu'elle a mon-
trée en daignant se marier dans notre pays. »

Le nouvel empereur et sa femme, attachés étroitement l'un à l'autre et tous les deux de nobles
caractères, voulurent bien oublier, dans l'intérêt
de l'empire, les coups de boutoir d'un ministre
gonflé de son importance, mais nécessaire. Rien
ne fut changé dans la situation officielle du chancelier. En prenant le titre d'empereur et roi, Frédéric III publia un manifeste, où il loua « le fidèle
et courageux conseiller, qui a donné des formules
aux desseins politiques du grand empereur et assuré
leur succès » ; il le déclara « indispensable au pays ».

Le seul fait notable de ce règne de trois mois,
ce fut un conflit entre l'impératrice Victoria et le
chancelier, dans lequel l'empereur donna raison
au chancelier.

Déjà, sous le règne de Guillaume Ier, il avait
été question d'un mariage entre la princesse Victoria de Prusse et le prince Alexandre de Battenberg. Celui-ci était le prince allemand qui était
devenu, en 1879, prince de Bulgarie : quand il était
parti pour Sofia, Bismarck lui avait dit ces mots
d'une ironie prophétique : « Cela vous fera de jolis
souvenirs. » La princesse Victoria était la fille du
kronprinz Frédéric ; son frère Guillaume la traitait
un jour d'oie ou de dinde, parce qu'elle vantait la
supériorité de la vie anglaise. Un roman d'amour
était né entre les deux jeunes gens. Bismarck dé-

clara net que le mariage était impossible : il brouillerait les Hohenzollern avec les Romanov, à cause des mauvais rapports de Battenberg et d'Alexandre III. La vraie raison peut-être est qu'il ne déplaisait pas à Bismarck d'être désagréable aux « Anglaises ». Le kronprinz était devenu empereur. La mère et la fille crurent qu'on pouvait reprendre le projet de mariage, d'autant plus aisément que Battenberg n'était plus prince de Bulgarie. Bismarck, dans l'intimité, parlait très cavalièrement de celle qu'il appelait la *Battenbergerin*. « C'est vrai, disait-il, que c'est un bel homme, le prince Alexandre. Il a une prestance superbe. Mais elle s'accommodera aussi bien de n'importe quel autre soupirant, pourvu qu'il ait l'air d'un homme. » Dès qu'il fut question pour la seconde fois du projet de mariage, au mois d'avril 1888, il déclara de nouveau que la chose était impossible, toujours à cause de la Russie; pour lui, il donnerait plutôt sa démission. Frédéric III n'autorisa pas plus le mariage que n'avait fait son père.

Cependant le malheureux empereur ne craignit point de déplaire à son chancelier; il obligea le ministre de l'Intérieur, Puttkamer, une créature de Bismarck, à donner sa démission pour le sansgêne avec lequel il travaillait la matière électorale. Cet acte d'énergie précéda sa mort de sept jours. Quelques heures avant de mourir, quand sa famille et Bismarck se trouvaient auprès de son lit, il prit la main de l'impératrice et la mit dans la main du chancelier, en signe de réconciliation. Le 15 juin, Frédéric III avait terminé son martyre.

L'EMPEREUR GUILLAUME II

Le nouvel empereur-roi Guillaume II était un
homme de vingt-neuf ans, nerveux, d'humeur exu-
bérante, très impatient de se faire connaître ; il ne
cachait pas son admiration pour la politique de
son grand-père et pour le ministre qui l'avait
dirigée. Tout récemment, d'une manière retentis-
sante, il avait témoigné de ses sentiments pour
Bismarck. Le 1er avril, au jour anniversaire de la
naissance du chancelier, il était venu en personne
à la Wilhelmstrasse pour lui apporter ses souhaits,
et il s'était invité lui-même à dîner. A la fin du
repas, il avait prononcé un toast, qui contenait
une allusion fort désobligeante à la mort prochaine
de l'empereur, son père, mais qui ne surprit pas
ceux qui savaient qu'il détestait ses parents.

« L'empire, dit-il, la coupe à la main, est comme
un corps d'armée qui aurait perdu son général en
chef sur le champ de bataille, et qui verrait son
nouveau commandant grièvement blessé. Dans
une passe aussi critique, les cœurs des quarante-
six millions d'Allemands ne peuvent que se tourner avec espoir vers le drapeau et le porte-drapeau,
en lequel ils ont placé toute leur confiance. Le
porte-drapeau est notre illustre, notre grand chancelier. Qu'il nous conduise ! Nous le suivrons.
Puisse-t-il vivre longtemps ! »

Le 25 juin, le dixième jour de son règne, Guillaume II avait lu au Reichstag son premier discours du trône ; à la fin, il avait tendu la main à

Bismarck, d'un geste théâtral, comme pour l'investir devant l'assemblée de sa faveur impériale et royale. Le vieux chancelier de soixante-treize ans, le jeune empereur de vingt-neuf ans, pleinement satisfaits l'un de l'autre, étaient en parfait accord.

Un incident de polémique fit alors grand tapage : il s'agit de la publication posthume du Journal de l'empereur Frédéric pendant la campagne de 1870-1871 ; la conduite de Bismarck à cette époque y était souvent appréciée avec sévérité. Le chancelier, dont l'orgueil était intraitable et qui crut deviner dans cette publication une revanche des « Anglaises », jeta feu et flammes. « Nous allons commencer par dire que c'est un faux, dit-il. Personnellement, je crois encore plus que vous à l'authenticité du journal... Mais ça ne fait rien, il faut le traiter comme un faux. » La calomnie ne donna rien. Alors Bismarck obtint des poursuites pour violation de secrets d'État ; mais les poursuites aboutirent à l'acquittement de l'inculpé, un professeur à l'université de Strasbourg.

L'affaire, qui fit scandale et qui tourna à la confusion du chancelier, n'altéra en rien ses rapports avec Guillaume II. Il parlait du jeune empereur avec attendrissement, comme dans cette confidence, datée du 27 septembre 1888.

« Il me témoigne vraiment beaucoup d'égards. Vous vous rappelez, la dernière fois qu'il est venu ici (à Friedrichsruh), comme il était attentif et prévenant ! Le soir, il fut tout étonné que je l'eusse attendu jusqu'à onze heures et que je ne me fusse pas couché. Ah! ce n'est jamais son grand-père qui m'aurait dit chose pareille. Et, le matin, ce fut lui qui m'attendit. Il se leva, contre toutes ses habitudes, à neuf heures, parce qu'il croyait que je dormais toujours jusqu'à cette heure-là. Il entra dans ma chambre au moment où je me lavais et quand j'étais à peine habillé. Il me mit gentiment la main sur l'épaule, et je dus passer en hâte ma robe de chambre pour le recevoir convenablement. — Vous avez là un élève docile et reconnaissant, qui vous aide dans vos devoirs d'homme d'État. — Oui. Il n'y a guère à reprendre en lui que des choses sans importance : par exemple, la tournure de certains de ses discours. Il y met des mots nouveaux, qu'il a été pêcher dans les journaux. Mais, ça, c'est la vivacité de la jeunesse et il se corrigera avec le temps. Il vaut mieux avoir trop que pas assez de feu. »

Bismarck n'allait pas tarder à trouver que le jeune et verbeux empereur, toujours casqué et éperonné, avait beaucoup trop de feu.

Le tsar Alexandre III était venu à Berlin, au mois d'octobre 1889. Le chancelier eut avec lui un long entretien; il tenait à le convaincre que la Triplice était la meilleure garantie de la paix de l'Europe. « Oui, je vous crois, répondit Alexandre, et j'ai confiance en vous; mais êtes-vous sûr de rester en fonctions? — Certainement, Majesté; je suis absolument sûr de rester ministre toute ma vie. » Cinq mois plus tard, Bismarck n'était plus rien.

Le chancelier avait toujours eu un flair mer-

veilleux des hommes et des choses; il avait toujours su deviner le danger qui pouvait menacer
sa situation ou sa politique; et il y avait paré en
conséquence. On sait comment d'Arnim l'avait
appris à ses dépens. Mais sa perspicacité commen-
çait-elle à s'affaiblir avec l'âge? Ou plutôt n'est-ce
pas son orgueil démesuré et sa confiance outrecui-
dante en son génie, en son infaillibilité, qui l'empêchèrent de se rendre compte que le moment allait
venir où ses services seraient jugés inutiles et
même désagréables? Il ne se rendit pas compte
que le nouvel empereur n'aurait pas la patience
de Louis XIV, qui avait su attendre la mort de
Mazarin, et qu'il ne reculerait pas devant un acte
d'autorité, voire de brutalité, pour convaincre
l'Allemagne et le monde que l'empire n'avait qu'un
maître, qu'un seul, lui-même. Sans se douter de
l'orage qui se préparait contre lui et qui allait
éclater avec la soudaineté et la violence de la
foudre, Bismarck s'était retiré en 1889 sur ses
terres de Friedrichsruh pour y passer l'automne et
l'hiver; tout en reprenant sa chère vie de gentilhomme campagnard, qu'il aimait par-dessus tout,
il restait en contact avec la politique, mais de
loin, et sans cette obsession ininterrompue qui
l'assiégeait à la Wilhelmstrasse. Brusquement, à
la fin de janvier 1890, une dépêche de son fils, le
comte Herbert, secrétaire d'État aux Affaires
étrangères, le rappela à Berlin.

LA CONFÉRENCE INTERNATIONALE
SUR LES QUESTIONS OUVRIÈRES

Une grève avait éclaté depuis quelques semaines
chez les mineurs du bassin rhénan; belle occasion
pour le jeune empereur, qui se croyait apte à
tout faire, de résoudre une bonne fois la question
sociale. Il avait reçu en personne les délégués des
ouvriers et il leur avait dit : « Mes oreilles seront
toujours ouvertes aux justes réclamations; mais si
vous bougez, je fais tirer dans le tas. » Laissant
de côté pour le moment la manière forte, il saisit
le conseil de la couronne d'un projet d'enquête sur
les ouvriers de fabrique, de manière à « assurer
par des mesures législatives la santé, la moralité,
les besoins économiques des travailleurs ». Bismarck combattit vivement cette idée; car il était
hostile à toute intervention de l'État dans cet ordre
de matières. Pour parer le coup ou pour en retar-
der l'effet, il proposa à l'empereur de réunir une
conférence internationale; si l'Allemagne était
seule, en effet, à réglementer la durée du travail,
elle se trouverait battue par la concurrence étrangère. Guillaume accepta l'idée de cette conférence.

Le 24 février 1890, un rescrit impérial ordonna
« l'ouverture de négociations avec les gouvernements de la France, de l'Angleterre, de la Belgique et de la Suisse, relatives à une entente
internationale sur la possibilité de satisfaire les
besoins et les vœux des travailleurs ». Le rescrit
ne portait pas, à côté de la signature de Guil-

laume II, la signature du chancelier. C'était la
première fois depuis vingt-sept ans qu'un acte
officiel ne recevait pas le contre-seing de Bismarck.
Il n'y avait pas à douter de la complète émancipa-
tion du jeune Télémaque et de la prochaine disgrâce du vieux Mentor.

Bismarck tenta de regagner la partie. Il rappelle à son maître qu'une ordonnance de Frédéric-
Guillaume IV, rendue en 1852, portait qu'aucun
acte important ne pouvait être préparé sans la
participation effective du président du conseil.
L'empereur, pour toute réponse, parle d'abroger
cet ordre; en attendant, il demande au chancelier
un rapport écrit sur la question.

Au cours de cet incident, le 14 mars, le chef du
Centre, Windthorst, faisait à Bismarck une visite.
Des élections venaient tout récemment de donner un
nouveau Reichstag L'objet de la visite de Windthorst était sans doute d'examiner la situation qui
en résultait pour les partis et spécialement pour le
Centre. Guillaume II eut connaissance de cette
visite; il crut qu'une coalition politique s'y était
machinée contre lui, et il envoya, le jour même,
son chef du cabinet civil, Lucanus, demander
des explications. Bismarck répondit à l'envoyé :
« Veuillez dire à Sa Majesté que je ne reconnais à
qui que ce soit le droit de m'imposer le choix des
personnes qui franchissent mon seuil. »

LA DÉMISSION

Le lendemain 15 mars, les deux adversaires,
face à face, jouèrent la grande scène du cinquième

acte. Guillaume se rend en personne à la Wilhelmstrasse, à dix heures du matin, sans s'être fait annoncer. Bismarck était encore au lit; il se lève à la hâte. « Que signifient, dit brusquement l'empereur, vos négociations avec Windthorst? » Bismarck répondit qu'il n'avait rien négocié ; puis, très maître de lui, il ajouta : « Je ne puis admettre aucune surveillance dans mes rapports avec les députés et je n'accorde à personne le droit de commander dans ma maison. — Pas même quand je vous l'ordonne comme souverain? — Pas même dans ce cas. Les ordres de mon empereur s'arrêtent devant la porte du salon de la princesse de Bismarck... Ce n'est d'ailleurs que pour tenir une promesse faite à l'empereur Guillaume Ier que je suis resté au service de son petit-fils. Si je suis importun à Votre Majesté, je suis prêt à me retirer. »

Le même jour, la conférence internationale s'ouvrait au palais du chancelier.

Le 16 mars, Bismarck disait à son fidèle Busch, qui n'en pouvait croire ses oreilles : « Je ne puis rester ici plus longtemps ; le plus tôt je m'en irai, le mieux ce sera... Je ne puis pas continuer de la sorte. Il va jusqu'à vouloir savoir qui je reçois et il a des espions qui dévisagent ceux qui entrent ici et qui en sortent... Il a écrit cette circulaire (sur les questions ouvrières), parce qu'il a en lui-même une confiance illimitée, quoiqu'il n'entende rien aux affaires. Sa circulaire ne peut causer que du mal. Je le lui ai dit, mais il est bien trop prétentieux pour m'écouter. »

Dans la matinée du 17 mars, le général de
Hahnke, chef du cabinet militaire, se rend chez le
chancelier. « L'empereur, lui dit-il, attend la démission du prince; il est prêt à la recevoir à deux
heures. » Bismarck répond que sa santé ne lui
permet pas de sortir le jour même; il a besoin de
quelque temps encore pour rédiger son acte de
démission. Dans l'après-midi il s'épanchait de
nouveau auprès de Maurice Busch. « Ah! les
choses ont été plus vite que je ne le croyais.
J'avais d'abord pensé qu'il me serait reconnaissant
si je restais encore quelques années près de lui;
mais je me suis aperçu, au contraire, qu'il n'avait
qu'une idée, qu'un désir, c'était de se débarrasser
de moi pour pouvoir gouverner seul, avec son
propre génie, dans sa seule gloire. Il en a assez
du vieux mentor; il lui faut maintenant des agents
plus dociles. Mais moi, je ne puis me résoudre à
plier le genou devant lui, je ne puis me résoudre
à me coucher sous la table comme un chien. Il
veut rompre avec la Russie et il n'a pas le courage
de demander aux libéraux du Reichstag l'augmentation de l'armée... J'en ai assez des intrigues de
cour, assez de toutes leurs insolences, assez d'être
espionné. Ma retraite est certaine, définitive. Je ne
veux pas prendre à mon compte, comme couronnement de ma carrière, les bévues d'un esprit présomptueux et inexpérimenté. »

Le soir même, Guillaume faisait encore demander à Bismarck sa démission; une dotation spéciale
lui serait assurée. « Je ne doute point des bontés
de Sa Majesté, répliqua amèrement le chancelier;

mais j'ai derrière moi une carrière qui ne me permet pas de la terminer avec un pourboire, comme l'on en donne pour le jour de l'an aux facteurs. »

Enfin, le 18 mars, le chancelier rédigeait sa lettre de démission, qu'il n'expédia que le 20. Il commençait par donner de longues explications sur l'ordonnance royale du 8 septembre 1852; il ne pouvait pas admettre pour lui-même la *capitis deminutio* qui résulterait de la révocation de cette ordonnance. Au bout de six grandes pages, il terminait ainsi :

« Si j'en crois mes impressions pendant ces dernières semaines et les communications qui m'ont été faites hier par le cabinet civil et militaire de Votre Majesté, je suis persuadé que j'entre dans les vues de Votre Majesté en donnant ma démission et je puis donc compter avec certitude sur son acceptation. »

Enfin, ce dernier paragraphe, qui est la flèche du Parthe :

« Il y a déjà un an que j'aurais demandé à Votre Majesté d'être relevé de mes fonctions, si je n'avais pas cru que Votre Majesté désirait profiter encore de l'expérience et de la capacité d'un fidèle serviteur de ses prédécesseurs. Maintenant, je suis sûr que Votre Majesté n'a pas besoin de moi, et je puis me retirer de la vie politique, sans craindre que l'opinion publique ne juge ma décision trop hâtive. — BISMARCK. »

Le lendemain, le chancelier recevait à sa table les délégués de la conférence du travail; il était tout à fait de bonne humeur et il n'avait jamais

eu meilleur appétit. « Voyez-vous, monsieur Jules
Simon, un homme ne peut pas mourir avant d'a-
voir fumé cent mille cigares et bu cinq mille bouteilles de champagne. — J'en suis ravi, Excellence,
répondit le délégué français, car alors j'ai longtemps encore à vivre. »

En recevant la lettre si désirée, l'empereur envoya à Bismarck le titre de duc de Lauenbourg.
« Je demande humblement à Votre Majesté, répondit-il, de me permettre de ne porter à l'avenir
que le nom et le titre que j'ai portés jusqu'ici. »

L'opinion publique apprit la démission de Bismarck avec un mouvement de stupeur, mais aussi
de détente; il avait si lourdement pesé depuis
vingt-huit ans sur les hommes et sur les choses!
Cependant, le jour de son départ de Berlin pour
Friedrichsruh, le 29 mars, il fut accompagné à la
gare par une foule énorme, qui le salua de ses
acclamations et qui le couvrit de fleurs.

LES DERNIÈRES ANNÉES A FRIEDRICHSRUH

La chute était dure pour ce vieux lutteur de
soixante-quinze ans. Il se sentait toujours de force
à mener la rude bataille qui avait été son ministère, à tenir tête au Reichstag comme jadis au
Landtag, à présider les assises de l'Europe, à
trancher les querelles, et il n'avait plus à présent
qu'à administrer ses domaines. « Il faut bien, disait-il avec mélancolie, que je scie du bois, puisque
je ne puis plus scier les hommes. » En dehors de
l'intimité familiale dont il jouissait beaucoup, son

principal plaisir fut de rédiger ses *Pensées et Souvenirs* ; c'était l'image de lui qu'il voulait laisser à
la postérité, image truquée comme dans toutes les
autobiographies et d'autant plus truquée que le
personnage avait joué un plus grand rôle sur la
scène du monde. Il avait un journal à sa dévotion,
les *Hamburger Nachrichten* ; il y faisait déchirer à
belles dents son successeur le général de Caprivi.
On feignait à la Cour de ne pas s'en apercevoir ;
cependant de part et d'autre l'irritation était
extrême.

Aujourd'hui où l'Allemagne pangermaniste de
Guillaume II est possédée par cette folie des gran-
deurs, par cette fièvre des extravagances, qui,
pour elle comme pour les malades atteints de para-
lysie générale, sont les prodromes infaillibles de la
terminaison mortelle, il est vraiment curieux de
voir les conseils pour ses successeurs que Bismarck faisait passer dans la presse. Il était opposé
à toute guerre nouvelle : « Par la guerre, on ne
peut plus rien gagner, on ne peut que perdre ce
qui a été conquis. » L'Allemagne doit être souve-
rainement indifférente dans la politique balkanique : « Si l'Autriche désire poursuivre ses intérêts particuliers dans les Balkans, elle doit chercher
un appui non en Allemagne, mais auprès des pays
qui ont des intérêts en Orient, l'Angleterre, la
France, l'Italie.... Les Balkans n'intéressent pas
l'Allemagne. » L'empire des mers et la *Weltpolitik*,
où Guillaume II se jetait à corps perdu, n'étaient
pas faits pour l'Allemagne : « Je considérerais
comme une exagération, de la part de l'Allemagne,

de rivaliser avec la flotte française ou la flotte anglaise. Cependant nous devons être assez forts sur mer pour pouvoir agir sur les puissances de second rang que nous ne pouvons pas atteindre par terre.... Il faut nous garder d'économies exagérées en matière navale, mais nous devons aussi nous défier des projets fantastiques qui nous mettraient en conflit avec des gens qui sont importants pour notre position en Europe... Rien ne serait plus absolument contraire aux intérêts de l'Allemagne que de s'engager dans des entreprises plus ou moins osées et aventureuses, sur le seul désir de mettre la main à tous les plats, de flatter la vanité de la nation ou de satisfaire les ambitions de ceux qui la gouvernent. »

On ne pouvait se douter que ces conseils seraient un jour autant de prophéties. Du moins pour la masse du peuple allemand, le dieu tombé devenait de plus en plus le héros national : il était celui qui avait fait la grandeur, la gloire de la Prusse, de l'Allemagne. Guillaume II eut le bon goût de le comprendre. En 1895, au jour anniversaire des quatre-vingts ans de Bismarck, il se rendit en personne à Friedrichsruh pour offrir à l'ancien chancelier un sabre d'honneur ; il inaugurait ainsi des fêtes qui prirent le caractère d'une apothéose. Bismarck toutefois ne désarmait pas. La visite du tsar Nicolas II à Paris, au mois d'octobre 1896, inspira aux *Hamburger Nachrichten* un article très violent contre la politique qui avait éloigné peu à peu la Russie de l'Allemagne. C'était viser une fois encore Caprivi et surtout son successeur

Hohenlohe; mais c'était oublier aussi le congrès
de Berlin, où Bismarck avait commencé lui-même
cette œuvre d'éloignement.

Ce fut le dernier rugissement du lion blessé.
Malgré sa forte constitution et le grand air, la
santé du vieillard déclinait. La mort de sa femme,
survenue en 1894, après quarante-sept ans de mariage, lui avait été un deuil cruel. Lui-même était
las de la vie. Il mourut en quelques heures, le
30 juillet 1898, à quatre-vingt-trois ans et quatre
mois. Il avait à l'avance réglé ses funérailles, pour
qu'elles eussent un caractère de recueillement et
de simplicité. « Je ne veux pas, avait-il dit, de
mensonges officiels sur ma tombe. » Il avait indiqué l'endroit du parc de Friedrichsruh où il demandait à reposer, et il avait rédigé l'épitaphe qu'on
lit sur sa tombe : « Bismarck, fidèle serviteur de
l'empereur Guillaume Ier. »

L'ŒUVRE DE BISMARCK

A Berlin, sur l'un des côtés de la Kœnigsplatz,
devant le palais du Reichstag, s'élève depuis 1901
le monument de Bismarck, œuvre de Begas; il est
colossal, comme il convient à l'homme et au pays.
Parmi les groupes allégoriques qui entourent le
piédestal, l'artiste a représenté, dans un morceau
de bronze de grande allure, un forgeron géant qui
forge sur une enclume une épée énorme. Telle est
bien l'image que l'histoire doit conserver du chancelier de fer : il est l'homme qui a forgé l'Allemagne à coups répétés de marteau. Qu'il ait évolué

dans sa politique intérieure; qu'il ait commencé à
n'être qu'un hobereau à l'esprit franchement réactionnaire, qu'un Prussien de conservatisme rétréci,
pour devenir un jour l'homme du suffrage universel
et l'incarnation de la patrie germanique : cela a
son intérêt, mais ce n'est pas ce que l'histoire a
retenu avant tout.

Ce que l'histoire a retenu avant tout, c'est ceci :
en 1862, quand Bismarck a pris la présidence du
conseil, la Prusse était un corps mal constitué,
avec des trous dans ses membres, elle n'avait que
le second rang parmi les États allemands. En 1866,
la Prusse a soudé ses morceaux, c'est un bloc qui
qui s'étend du Rhin au Niémen, sa suprématie s'af-
firme d'une manière incontestée. D'autre part, en
1862, la Confédération germanique était toujours
la survivance du congrès de Vienne; c'était un
agglomérat d'États qui n'existaient que pour se
jalouser et manifester leur impuissance. En 1871,
l'empire d'Allemagne est un organisme vigoureux,
bien trempé, tenu dans une forte discipline par le
chef qui s'est mis à sa tête, qui l'a organisé et qui
le conduit à une action efficace.

Comment ces deux choses se sont-elles faites?
C'est une œuvre « de fer et de sang », qui est sortie
de trois guerres, contre le Danemark, contre l'Autriche, contre la France. A l'égard de l'Autriche et
de ses alliés, après la violente passe d'armes de
1866, Bismarck a été capable de montrer de la
sagesse et de faire preuve d'une modération relative; il ménageait ainsi l'avenir, car il réservait à
son maître la collaboration d'un second et il pré-

parait le retour à la patrie allemande d'une partie
des vaincus. A l'égard du Danemark, en 1864, de
la France, en 1871, il a donné toute licence à la
force brutale qui était en lui. L'annexion du Holstein et du Slesvig, l'annexion de l'Alsace et de la
Lorraine sont les produits de deux brigandages. Le
Danemark a pleuré en silence la perte de ses enfants; la France a protesté, à pleine gorge, contre
la violence qui lui était faite. Qu'importait au voleur?

Bismarck n'était pas de ceux qui demandent à
leurs victimes de baiser la main qui les frappe. Il
se savait détesté, haï, maudit, en Prusse, en Allemagne, en Europe, et il s'en faisait gloire. Il disait
un jour au Reichstag (16 janvier 1874) : « J'ai de
nombreux ennemis. Allez de la Garonne, pour
commencer par la Gascogne, jusqu'à la Vistule, du
Belt jusqu'au Tibre; cherchez sur les rives de nos
fleuves allemands, l'Oder et le Rhin : vous consta-
terez que je suis l'homme le plus cordialement
détesté de ce temps. Mais je professe à l'égard de
cette haine un profond dédain. » Dans une dépêche
à d'Arnim, du 2 février 1873, à propos de la France,
il reprenait pour lui-même le mot de Sylla : « Nous
n'avons pas voulu la guerre ; mais nous sommes
toujours prêts à la faire de nouveau, dès que de
nouveaux actes présomptueux de la France nous y
contraindront. *Oderint dum metuant.* » Et son Allemagne se félicite d'inspirer les mêmes sentiments
que lui-même. Le 1ᵉʳ avril 1917, pour le 102ᵉ anniversaire de la naissance de Bismarck, un professeur
d'outre-Rhin s'écriait : « Nous sommes le peuple

le plus détesté du monde, mais nous devons en être fiers. » A Bismarck et à l'Allemagne de nos jours convient à merveille le vieux refrain que la mère de Luther chantait à son fils : « Personne ne nous aime, ni toi, ni moi : c'est notre faute à tous les deux. »

Le chancelier se piquait d'être un réaliste ; se admirateurs de là-bas le louent d'avoir eu, au plus haut degré, le sens des réalités, *den Wirklichkeits-sinn*. Mais ce réaliste n'aurait-il pas été plutôt un politique à courtes vues ? Il ignora, en effet, que la violence et la haine sont non seulement stériles, mais encore qu'elles se retournent tôt ou tard contre la poigne brutale qui les a employées. Les Polonais, les Slesvigois, les Alsaciens-Lorrains, qui ne sont en rien des Allemands ni les uns ni les autres, ne désarmeront jamais dans leur résistance et dans leur hostilité. Le consentement né de la communauté des joies et des douleurs, de la communauté des traditions et des aspirations, voilà le ciment qui seul constitue une nation. La force, quelque brutale ou quelque puissante qu'on la suppose, ne peut jamais avoir qu'une action éphémère. Bismarck s'est défendu d'avoir dit : La force prime le droit. En effet, il ne l'a pas dit ; et comment aurait-il pu le dire ? Suivant la remarque de Bergson, « le droit était simplement à ses yeux ce qui est voulu par le plus fort, ce qui est consigné par le vainqueur dans la loi qu'il impose au vaincu ». C'était toute la morale de l'ancien hobereau devenu chancelier et qui, dans toutes les situations de sa vie politique, fut un homme sans scrupules et sans pitié. Ceci est un mot de lui : « Quand j'ai un ennemi en mon pouvoir, je l'anéantis. »

L'homme fort ne doutait pas de la durée de son œuvre ; parfois cependant il avait comme horreur de sa brutalité. Un jour, à Varzin, au mois d'octobre 1877, il était triste et mélancolique ; c'était cependant l'époque où son œuvre politique paraissait à son apogée. « Je me sens l'âme triste, disait-il. Je n'ai jamais, dans ma longue vie, rendu personne heureux, ni mes amis, ni ma famille, ni moi-même. J'ai fait du mal, beaucoup de mal. C'est moi qui suis la cause de trois grandes guerres ; c'est moi qui ai, sur des champs de bataille, fait tuer quatre-vingt mille hommes, qui, aujourd'hui encore, sont pleurés par leurs mères, leurs frères, leurs sœurs, leurs veuves. Mais tout cela, c'est affaire entre moi seul et Dieu. Je n'en ai jamais retiré aucune joie, et je m'en sens aujourd'hui l'âme anxieuse et troublée. »

Sans attendre le jugement de Dieu, les Français ne pardonneront jamais à Bismarck le crime qu'il a commis à leur égard en 1871. Il n'a rien pris à l'Autriche après Sadowa, parce qu'il voulait se réconcilier un jour avec elle. A nous, il nous a pris un morceau de notre chair ; il voulait donc qu'il y eût toujours entre son peuple et nous un fossé de sang et de haine. Le kronprinz Frédéric avait su prévoir, dès 1871, les conséquences de la violence faite à l'Alsace-Lorraine, quand il avait dit : « La France est maintenant et à jamais notre ennemie naturelle. »

La guerre actuelle a dressé en face l'une de l'autre deux puissances : d'un côté, l'Allemagne de Bismarck et de Guillaume II, tout imbue du virus du chancelier, des doctrines, des folies de son empereur, de ses officiers, de ses professeurs, puissance de proie et de mort, qui rêve d'un impérialisme mondial; de l'autre côté, la France, qui, avec ses nobles alliés, combat pour l'Alsace-Lorraine française, pour les Alsaces-Lorraines de Roumanie, de Serbie, de Pologne, d'Italie, d'Arménie, pour la libération de la Belgique, qui combat, en un mot, pour le droit et pour la liberté. Le droit et la liberté, ce sont des facteurs inconnus des compatriotes de Bismarck, depuis que l'Allemagne a été prussianisée; pour la France des croisades et de la Révolution, ces mots sacrés ont une vertu magique. Il y a en eux une force que rien ne peut abattre, une force supérieure à toutes les injustices et à toutes les tyrannies; tous les Bismarck et tous les Guillaume II du monde, colosses aux pieds d'argile, ne prévaudront pas contre le droit et la liberté. Comme Montalembert le disait, à propos de la Pologne, cette Alsace-Lorraine de l'Europe orientale qui reste debout et confiante à travers les plus tragiques catastrophes de l'histoire, le droit vit dans nos cœurs, il y vit « comme une flamme inextinguible, et c'est à cette flamme que Dieu allumera un jour l'incendie de sa justice et de sa vengeance ».

Bismarck, on l'a vu, a voulu qu'on inscrivît sur sa tombe cette épitaphe d'une simplicité orgueilleuse : Fidèle serviteur de l'empereur Guillaume Ier. Qu'est-ce à dire? En servant fidèle-

ment Guillaume Ier, il a servi le mensonge, la violence, le brigandage. Sur les tombes de nos
enfants, fauchés dans les tranchées, précipités du
haut des airs, péris dans les flots, nous mettons,
nous autres, cette inscription : Serviteurs du droit,
de l'honneur, de la liberté. L'histoire et la conscience humaine sauront toujours où doivent
s'adresser leur admiration et leur reconnaissance.
Du mort de Friedrichsruh, elles diront que s'il fut
un génie, ce fut le génie du mal, et que son œuvre,
enfantée par la violence, périra dans la violence.
Des Français et des alliés tués depuis 1914, elles
diront qu'ils furent les vengeurs de la morale, les
soldats de l'humanité, et que leur œuvre de gloire
aura pour couronnement le triomphe du droit.

BIBLIOGRAPHIE

Le lecteur désireux de connaître en détail soit
la carrière et le rôle de Bismarck, soit les questions
de politique générale auxquelles il a été mêlé,
pourra trouver des indications utiles dans les deux
listes suivantes.

I. — ŒUVRES DE BISMARCK TRADUITES EN FRANÇAIS

Discours prononcés par M. le comte de Bismarck, président
des commissaires fédéraux, dans les séances des 3, 10,
14 mars et 1er avril du Parlement de l'Allemagne du
Nord. Francfort-sur-le-Mein, 1867, in-8°.

Les Discours de M. le comte de Bismarck, avec sommaires
et notes. Berlin et Paris, 1876-1889, 15 tomes in-8°.

(Traduction des discours prononcés par Bismarck
dans les Chambres prussiennes ou dans le Reichstag,
du 2 octobre 1862 au 17 mai 1889.)

M. de Bismarck député, 1847-1851. Berlin et Paris, 1881, in-8°.

(Traduction des discours prononcés par Bismarck
au Landtag-réuni de Prusse, 1847-1848, au Parlement
d'Erfurt, 1850, et à la seconde Chambre prussienne,
1849-1851.)

Anonyme. *L'Alsace-Lorraine et l'Empire germanique*, étude
suivie des discours de M. de Bismarck sur les affaires
d'Alsace-Lorraine et des allocutions de M. de Manteuffel.
Paris, 1881, in-12.

Correspondance diplomatique de M. de Bismarck, 1851-1859,
publiée d'après l'édition allemande de M. de Poschinger,

sous la direction et avec une préface de Th. Funck-Brentano. Traduction de L. Schmitt. Paris, 1883, 2 vol. in-8°.

Lettres politiques confidentielles de M. de Bismarck, 1851-1858, publiées par M. H. de Poschinger. Traduction française par E.-B. Lang. Paris, 1885, in-8°.

Les Discours de M. le prince de Bismarck, avec notices historiques, sommaires et notes. Nouvelle édition. Berlin et Paris, 1885-1889, 7 vol. in-8°.

> (Traduction des discours prononcés par Bismarck dans les Chambres prussiennes ou dans le Reichstag, du 29 septembre 1862 au 11 mai 1885.)

Mémoires authentiques du prince de Bismarck. Pensées et Souvenirs, par le prince de Bismarck. Seule édition française autorisée, par E. Jaeglé. Paris, 1899, 2 vol. in-8°.

II. — CHOIX D'OUVRAGES SUR BISMARCK ET SON TEMPS

ANDLER (Ch.). *Le Prince de Bismarck.* 1899, in-12.

BAINVILLE (Jacques). *Bismarck et la France, d'après les Mémoires du prince de Hohenlohe.* 1907, in-12.

BAMBERGER (Louis). *Monsieur de Bismarck.* 1868, in-12.

BENEDETTI (Comte). *Ma Mission en Prusse.* 1871, in-8°.

BENEDETTI (Comte). *Essais diplomatiques. L'Empereur Guillaume Ier et le prince de Bismarck, la Triple alliance, la paix armée et ses conséquences, ma mission à Ems.* 1895, in-8°.

BENOIST (Charles). *Le Prince de Bismarck, psychologie de l'homme fort.* 1900, in-12.

BERGSON (Henri). *Discours de réception à l'Académie française* (sur Émile Ollivier), séance publique du 24 janvier 1918.

BEUST (Comte de). *Trois Quarts de siècle. Mémoires*, publiés par Fr. Kohn-Abrest. 1888, 2 vol. in-8°.

BOURGEOIS (Émile). *Manuel historique de politique étrangère.* T. III, 1905, in-12.

BUSCH (Moritz). *Le Comte de Bismarck et sa suite, pendant*

la guerre de France, 1870-1871. Traduit de l'allemand. 1879, in-12.

BUSCH (Moritz). *Les Mémoires de Bismarck*, recueillis par Maurice Busch. T. I, *La guerre de 1870-1871*. T. II, *Entretiens et Souvenirs*. 1898-1899, 2 vol. in-8°.

CARETTE (Mme). *Souvenirs intimes de la cour des Tuileries*. 1889-1891. 3 vol. in-12.

CAUDEL (Maurice). *La Diplomatie de Bismarck et la politique de Guillaume II.* (*Revue des Sciences politiques*, t. XXXIII, 1915.)

DAUDET (Ernest). *Les Auteurs de la guerre de 1914.* T. I, *Bismarck*. 1917, in-12.

DEBIDOUR (Ant.). *Histoire diplomatique de l'Europe depuis l'ouverture du Congrès de Vienne jusqu'à la clôture du Congrès de Berlin*, 1814-1878. 1891, 2 vol. in-8°.

DENIS (Ernest). *L'Allemagne*, 1810-1852. *La Confédération germanique*. 1898, in-8°.

DENIS (Ernest). *La Fondation de l'Empire allemand*, 1852-1871. 1906, in-8°.

DESCHANEL (Paul). *Orateurs et Hommes d'État*. 1888, in-12.

DOMERGUE (J.). *La Crise économique, l'Évangile de M. de Bismarck*. 1884, in-8°.

FAVRE (Jules). *Le Gouvernement de la Défense nationale*. 1871-1875, 3 vol. in-8°.

FLANDIN (Ét.). *Institutions politiques de l'Europe contemporaine*. T. II, *Allemagne*. 1902, in-12.

GABRIAC (Marquis de). *Souvenirs diplomatiques de Russie et d'Allemagne*, 1870-1872. 1896, in-8°.

GAILLY DE TAURINES. *La Protestation de l'Alsace-Lorraine en 1874*. (*Revue des Deux Mondes*, mai 1918.)

GONTAUT-BIRON (Vicomte de). *Mon Ambassade en Allemagne*, 1872-1873. 1906, in-8°.

GONTAUT-BIRON (Vicomte de). *Dernières Années de l'ambassade en Allemagne*, 1874-1877, d'après ses notes et ses papiers diplomatiques, par A. Dreux. 1907, in-8°.

GOYAU (Georges). *Bismarck et l'Église. Le Kulturkampf*, 1870-1878. 1911-1913, 4 vol. in-12.

GRAND-CARTERET (John). *Bismarck en caricatures*. 1890, in-12.

GRAND-CARTERET (John). *Crispi, Bismarck et la Triple-Alliance en caricatures*, 1891, in-12.

HANSEN (H.-P.) et MÖLLER (J.-C.). *La Guerre européenne et la Question du Slesvig.* Traduction par Jacques de Coussange. 1918, in-8°.

HÉRISSON (Comte d'). *Journal d'un officier d'ordonnance,* juillet 1870-février 1871. 1885, in-12.

HILLEBRAND (Karl). *La Prusse contemporaine et ses institutions.* 1867, in-12.

HIMLY (Aug.). *Histoire de la formation territoriale des États de l'Europe centrale.* 1876, 2 vol. in-8°.

HOCHE (Jules). *Bismarck intime.* 1898, in-8°.

HOHENLOHE (Prince Clov's de). *Un Siècle de politique allemande. Mémoires,* édités par son fils le prince Alexandre de Hohenlohe. Traduction par Paul Budry. 1909, 3 vol. in-8°.

HORST KOHL. *Denkwürdige Tage aus dem Leben des Fürsten Bismarck. Eine Zeittafel zur Geschichte des ersten deutschen Reichskanzlers.* (Analyse jour par jour de la vie de Bismarck.) Leipzig, 1898, grand in-8°.

HUBNER (Comte de). *Neuf Ans de souvenirs d'un ambassadeur d'Autriche à Paris sous le second Empire,* 1851-1858. 1904, 2 vol. in-8°.

JESSEN (Franz de). *Manuel historique de la question du Slesvig.* Copenhague, 1906, in-4°.

KEUDELL (Robert de). *Bismarck et sa famille, impressions et souvenirs,* 1846-1872. Traduit de l'allemand par E.-B. Lang. 1902, in-8°.

KLACZKO (J.). *Deux Chanceliers. Le prince Gortschakoff et le prince de Bismarck.* 1876, in-8°.

KOHUT (Adolphe). *Bismarck et les femmes.* 1895, in-12.

LABAND (Paul). *Le Droit public de l'Empire allemand.* Édition française. Paris, 1900-1904, 6 vol. in-8°.

LAFERRIÈRE (E.) et BATBIE (A.). *Les Constitutions d'Europe et d'Amérique.* 1869, in-8°.

LA GORCE (Pierre de). *Histoire du second Empire.* 1894-1905, 7 vol. in-8°.

LA MARMORA. *Un peu plus de lumière sur les événements politiques et militaires de l'année 1866.* 1873, in-8°.

LAVELEYE (Émile de). *Le Socialisme contemporain.* Édition de 1888, in-12.

LAVISSE (Ernest). *Trois Empereurs d'Allemagne : Guillaume Ier, Frédéric III, Guillaume II.* 1898, in-12.

LAVISSE (Ernest) et RAMBAUD (Alfred). *Histoire générale du IV⁰ siècle à nos jours*. T. X, XI, XII, 1898, 1899, 1901. Grand in-8°.

LEFEBVRE DE BÉHAINE (Comte). *Léon XIII et le prince de Bismarck*. 1898, in-12.

LÉVY-BRÜHL (L.). *L'Allemagne depuis Leibniz, 1700-1848*. 1890, in-16.

MATTER (Jacques). *De l'État moral, politique et littéraire de l'Allemagne*. 1847, 2 vol. in-8°.

MATTER (Paul). *Le Landtag uni de 1847. (Revue historique, t. 72, 1900). — La Révolution de 1848 (en Prusse). (Revue historique, t. 80, 1902). — La Défaillance d'Olmütz. (Revue historique, t. 86, 1904). — Un Parlement d'un mois, Erfürt, mars-avril 1850. (Annales des Sciences politiques, 1904.)*

MATTER (Paul). *La Prusse et la Révolution de 1848*. 1903, in-12.

MATTER (Paul). *Bismarck et son temps*. 1905-1908, 3 vol. in-8°.

OLLIVIER (Émile). *L'Empire libéral, études, récits, souvenirs*. 1894-1912, 16 vol. in-8°.

PERSIGNY (Duc de). *Mémoires*. 1896, in-8°.

PEY (Alexandre). *L'Allemagne d'aujourd'hui, 1862-1882. Études politiques, sociales et littéraires*. 1883, in-12.

PRÉVOST-PARADOL. *La France nouvelle*. 1868, in-12.

PROUST (Antonin). *Le Prince de Bismarck, sa correspondance*. 1876, in-12

ROTHAN (G.). *Les Origines de la guerre de 1870. La Politique française en 1866*. 1879, in-8°.

ROTHAN (G.). *Souvenirs diplomatiques. L'Affaire du Luxembourg ; le Prélude de la guerre de 1870. 1882. — L'Allemagne et l'Italie, 1870-1871. 1884-1885, 2 vol. — La France et sa politique extérieure en 1867. 1887, 2 vol. — La Prusse et son roi pendant la guerre de Crimée. 1888. — L'Europe et l'avènement du second Empire. 1890, in-8°.*

SAINT-RENÉ TAILLANDIER. *Dix Ans de l'histoire d'Allemagne. Origines du nouvel empire, d'après la correspondance de Frédéric-Guillaume IV et du baron de Bunsen, 1847-1857*. 1875, in-8°.

SEIGNOBOS (Ch.). *Histoire politique de l'Europe contemporaine. Évolution des partis et des formes politiques, 1814-1896*. 1896, in-8°.

Seinguerlet (Eug.). *Propos de table du comte de Bismarck pendant la campagne de France.* 1879, in-12.

Simon (Édouard). *Histoire du prince de Bismarck, 1847-1887.* 1887, in-8°.

Simpson. *Russo-German Relations and the Sabouroff Memoirs.* (*The Nineteenth Century*, décembre 1917.)

Sorel (Albert). *Histoire diplomatique de la guerre franco-allemande.* 1875, 2 vol. in-8°.

Stoffel (Colonel). *Rapports militaires écrits de Berlin, 1866-1870.* 1871, in-8°.

Thiers (Adolphe). *Notes et Souvenirs, 1870-1873.* Voyage diplomatique. Proposition d'un armistice. Préliminaires de la paix. Présidence de la République. 1903, in-8°.

Verrier (Paul). *Le Slesvig.* 1917, in-8°.

Vilbort (J.). *L'Œuvre de Bismarck, 1863-1866.* Sadowa et la campagne des sept jours. 1869, in-12.

Vogt (William). *Bismarck, bronze imposteur.* 1916, in-8°.

Weiss (J.-J.). *Au Pays du Rhin.* 1886, in-12.

Welschinger (Henri). *Bismarck.* 1900, in-12. 1912, in-8°.

Welschinger (Henri). *La Guerre de 1870. Causes et Responsabilités.* 1910, 2 vol. in-8°.

Welschinger (Henri). *L'Empereur Frédéric III.* 1917, in-8°.

Worms (Émile). *L'Allemagne économique ou Histoire du Zollverein allemand.* 1874, in-8°.

TABLE DES MATIÈRES

I. — ANNÉES DE PRÉPARATION

Années d'enfance et de jeunesse . . . .
Débuts dans la magistrature.   6
Vie à la campagne   7
Mariage.   11
A la diète réunie de 1847.   11
Journées de mars 1848 à Berlin   15
Parlement de Francfort   18
Entrevue d'Olmütz.   22
A la diète de Francfort.   24
Voyages à Vienne et à Paris.   30
Relations avec le prince régent   33

II. — LA PREMIÈRE PASSE D'ARMES

Ambassadeur en Russie.   37
Relations avec Roon   40
Un programme de politique étrangère.   42
Avènement de Guillaume Ier.   43
Ambassadeur à Paris.   44
Président du conseil et ministre des Affaires étran-
    gères.   48
Conflits avec la chambre des Députés   50
« La force prime le droit ».   54
Insurrection de la Pologne russe   57
Guerre de Danemark.   58
Convention de Gastein.   65
Comte de Bismarck   67
Voyage à Biarritz.   67

III. — SADOWA

Le condominium dans les duchés. 73
Alliance italo-prussienne. . . . . . . ._. 75
Projet d'un parlement national. 78
La Prusse sort de la Confédération 80
Guerre de 1866. 81
Au lendemain de Sadowa 84
Préliminaires de Nikolsbourg 87
Réconciliation avec la Chambre 89
La Prusse en 1866 91
Le premier Reichstag 93
La Constitution de 1867 95
L'article 5 du traité de Prague. 98
L'abstention de la France 100
La question du Luxembourg. 103
Voyage à Paris avec Guillaume Ier. 106
Le Parlement douanier. 107

IV. — LA GUERRE DE 1870

Une conversation en 1862. 111
La candidature Hohenzollern. 112
Guillaume Ier à Ems 117
La dépêche d'Ems. 120
La question de Strasbourg et de Metz. 125
A Sedan 128
A Ferrières. 133
A Versailles 135
La question de la mer Noire. 138
Bombardement de Paris 139
Armistice du 28 janvier. 142
Préliminaires du 26 février. 143
Protestation des députés d'Alsace-Lorraine. . . . 145
Retour à Berlin. 147
Traité de Francfort. 148

V. — L'EMPIRE ALLEMAND

La renaissance de l'empire allemand. 151
L'adhésion de la Bavière. 155

Le 18 janvier 1871. 158
Prince de Bismarck 161
L'entrevue des trois Empereurs 162
Le régime de l'Alsace-Lorraine 165
L'alerte de 1875. 174
Le congrès de Berlin. 178
La Triplice. 184
Manteuffel et Hohenlohe en Alsace-Lorraine. 187
L'affaire Schnæbelé. 190

VI. — DERNIÈRES LUTTES

Les partis au Reichstag 193
Le Kulturkampf. 197
La Socialdémocratie 203
Les colonies allemandes. 206
Difficultés avec le Reichstag 209
Rapports avec Guillaume Ier et l'impératrice Augusta. 212
L'empereur Frédéric III 217
L'empereur Guillaume II. 221
La conférence internationale sur les questions
  ouvrières. 225
La démission. 226
Les dernières années à Friedrichsruh 230
L'œuvre de Bismarck. 233

BIBLIOGRAPHIE. 240

81447. — IMPRIMERIE GÉNÉRALE LAHURE. Paris, 9, rue de Fleurus.